essentials

Essentials liefern aktuelles Wissen in konzentrierter Form. Die Essenz dessen, worauf es als „State-of-the-Art" in der gegenwärtigen Fachdiskussion oder in der Praxis ankommt. Essentials informieren schnell, unkompliziert und verständlich.

- als Einführung in ein aktuelles Thema aus Ihrem Fachgebiet
- als Einstieg in ein für Sie noch unbekanntes Themenfeld
- als Einblick, um zum Thema mitreden zu können.

Die Bücher in elektronischer und gedruckter Form bringen das Expertenwissen von Springer-Fachautoren kompakt zur Darstellung. Sie sind besonders für die Nutzung als eBook auf Tablet-PCs, eBook-Readern und Smartphones geeignet.

Essentials: Wissensbausteine aus Wirtschaft und Gesellschaft, Medizin, Psychologie und Gesundheitsberufen, Technik und Naturwissenschaften. Von renommierten Autoren der Verlagsmarken Springer Gabler, Springer VS, Springer Medizin, Springer Spektrum, Springer Vieweg und Springer Psychologie.

Julia Ruthus

Arbeitgeberattraktivität aus Sicht der Generation Y

Handlungsempfehlungen für das Human Resources Management

Julia Ruthus
München
Deutschland

ISSN 2197-6708   ISSN 2197-6716 (electronic)
essentials
ISBN 978-3-658-07917-8   ISBN 978-3-658-07918-5 (eBook)
DOI 10.1007/978-3-658-07918-5

Die Deutsche Nationalbibliothek verzeichnet diese Publikation in der Deutschen Nationalbibliografie; detaillierte bibliografische Daten sind im Internet über http://dnb.d-nb.de abrufbar.

Springer Gabler

Springer Fachmedien Wiesbaden ist Teil der Fachverlagsgruppe Springer Science+Business Media (www.springer.com)

Vorwort

Der vorliegende Beitrag basiert auf Auszügen aus dem Werk „Employer of Choice der Generation Y – Herausforderungen und Erfolgsfaktoren zur Steigerung der Arbeitgeberattraktivität" der gleichnamigen Autorin, erschienen bei Springer Gabler 2014.

Durch seinen ersten Literaturüberblick – dargestellt in komprimierter Form – eignet sich der vorliegende Beitrag als Einstiegsliteratur insbesondere für Dozierende und Studierende der Wirtschaftswissenschaften mit den Schwerpunkten Human Resources Management sowie für Personalverantwortliche in Unternehmen, die sich im Rahmen ihrer Tätigkeit oder vor dem Hintergrund der heutigen Arbeitsmarktsituation verstärkt mit der Thematik der Arbeitgeberattraktivität aus Sicht der Generation Y befassen müssen.

Hinsichtlich des demographischen Wandels, des resultierenden Fachkräftemangels und dem Stichwort „War for Talents" gewinnt die Generation Y (Geburtsjahrgänge nach 1980), die sich gemäß der einschlägigen personalwirtschaftlichen Literatur durch völlig neue Wertorientierungen und Bedürfnisse auszeichnet als ihre Vorgänger, zunehmend an Aufmerksamkeit. Es wird angenommen, dass es zukünftig eine der vordringlichsten Aufgaben des Human Resources Managements sein wird, sich systematisch mit der Generation Y auseinanderzusetzen und die entsprechenden Personalaktivitäten zur Erhöhung der Arbeitgeberattraktivität zielgruppenspezifisch auszurichten, um die begehrten Mitarbeiter für das Unternehmen zu gewinnen.

Für eine vertiefende Auseinandersetzung mit der Thematik wird dem geneigten Leser die Lektüre des Gesamtwerkes empfohlen, welches unter anderem mittels einer zu diesem Zwecke durchgeführten Untersuchung mit nahezu 450 Teilnehmern empirische Belege für die in diesem Beitrag aufgezeigten Empfehlungen erbringt. Die vorliegende Fassung konzentriert sich auf die Typisierung der Generation Y in Abgrenzung zu anderen Generationen, die Bestimmung der Arbeitgeberattraktivität aus deren Sicht sowie die Identifikation personalwirtschaftlicher Handlungsfelder als auch die Ableitung von Implikationen zur Erhöhung der Arbeitgeberattraktivität in den Bereichen Mitarbeitergewinnung, -entwicklung und -bindung.

Was Sie in diesem Essential finden können

- Eine umfassende Charakterisierung der Generation Y in Abgrenzung zu anderen Generationen
- Generationsspezifische Werte und Bedürfnisse im Überblick sowie deren Auswirkungen auf die Arbeitgeberattraktivität
- Personalwirtschaftliche Handlungsfelder zur Steigerung der Arbeitgeberattraktivität aus Sicht der Generation Y

Inhaltsverzeichnis

Einleitung 1

Das Thema Arbeitgeberattraktivität hat in den vergangenen Jahren verstärkt an Bedeutung in der personalwirtschaftlichen Diskussion gewonnen. Gründe hierfür sind bspw. die Auswirkungen des demographischen Wandels und die daher mittelfristig zu erwartende Knappheit an hochqualifizierten Fachkräften, den sogenannten High Potentials. Die wachsenden Herausforderungen der Akquisition, Bindung und Allokation von Talenten führen dazu, dass eine Vielzahl an Organisationen die Notwendigkeit erkennt, ihre Systeme und Instrumente des Personalmanagements weiterentwickeln zu müssen. Die entscheidenden Fragen, die Organisationen in Bezug auf Arbeitgeberattraktivität zu beantworten versuchen, sind: „Warum soll sich ein Bewerber für unser Unternehmen entscheiden?" und „Warum soll er bleiben?" (Enderle und Furkel 2008, S. 61).

Vor dem Hintergrund des demographischen Wandels erfährt vor allem die neue Arbeitnehmergeneration „Generation Y" zunehmende Aufmerksamkeit in der Diskussion um Arbeitgeberattraktivität. Diese Generation wird den heutigen Arbeitsmarkt mittel- bis langfristig dominieren. Wird der derzeitigen personalwirtschaftlichen Debatte Glauben geschenkt, handelt es sich bei diesen nach 1980 Geborenen um eine Generation, die sich vor allem durch ihre „hohen Ansprüche" (Parment 2009, S. 21) gegenüber dem Arbeitgeber sowie der hohen Wechselbereitschaft auszeichnet und nicht mehr bereit ist, ihre Arbeitsleistung ein Leben lang einem einzigen Arbeitgeber zur Verfügung zu stellen (Parment 2009, S. 21).

Viele Unternehmen verstehen sich jedoch weiterhin als Anbieter anstelle der Nachfrager. Dabei hat sich der Arbeitsmarkt von einem Verkäufermarkt in einen Käufermarkt gewandelt (Parment 2009, S. 21). Lag die Herausforderung in früheren Zeiten darin, unter zahlreichen Bewerbungen den richtigen Kandidaten zu

© Springer Fachmedien Wiesbaden 2014
J. Ruthus, *Arbeitgeberattraktivität aus Sicht der Generation Y,* essentials,
DOI 10.1007/978-3-658-07918-5_1 1

selektieren, so liegt sie heute in der Gewinnung von fähigen Bewerbern. Gerade in Schlüssel- und Engpassfunktionen entscheidet nicht mehr der Arbeitgeber über die Einstellung eines qualifizierten Bewerbers, sondern der Kandidat hat die Auswahl, welches Angebot er annehmen möchte (Trost 2009, S. 13).

Vor diesem Hintergrund wird die Forderung von Unternehmerseite in Bezug auf ihre Personalaktivitäten laut, sich auf die aktuelle Arbeitsmarktlage einzustellen. „Employer Branding und Recruiting-Kampagnen seien aber nur dann erfolgreich, wenn sie auf den jeweiligen Bedarf […] und die Zielgruppe zugeschnitten sind" (Beck et al. 2010, S. 9).

Im Folgenden soll daher aufgezeigt werden, welche Arbeitgeberattraktivitätsfaktoren aufgrund der spezifischen Wertorientierung im Speziellen für die Generation Y gelten und was Unternehmen berücksichtigen können, um ihre Arbeitgeberattraktivität für die genannte Zielgruppe der Generation Y zu erhöhen. Anschließend wird unter Bezugnahme auf bisherige Studien, die einschlägige personalwirtschaftliche Literatur sowie die Praxis diskutiert, welche die ausschlaggebenden Kriterien für Arbeitgeberattraktivität sind.

Vor dem Hintergrund des demographischen Wandels und des resultierenden Fachkräftemangels wird anhand der Ergebnisse einer durchgeführten empirischen Untersuchung dargelegt, wie es einem Unternehmen strategisch, inhaltlich und methodisch gelingen kann, seine Attraktivität zu erhöhen sowie sein Personalmanagement hinsichtlich der Generation Y zu verbessern und sich somit als Arbeitgeber der Wahl zu positionieren.

Die besondere Relevanz der Generation Y

2

Die demographischen Veränderungen, die die gesellschaftlichen Diskussionen seit geraumer Zeit maßgeblich bestimmen, sind häufig und hinlänglich beschrieben. Den Prognosen einiger Arbeitsmarktexperten zufolge, sehen sich Unternehmen mit „ergrauenden Belegschaften" (Länge und Menke 2007, S. 7) und rückläufigem Erwerbspersonenpotenzial konfrontiert, was wiederum negative Auswirkungen auf die Fachkräfteverfügbarkeit in Teilbereichen des Arbeitsmarktes nach sich zieht. Erweisen sich die Prognosen als zutreffend, gilt es für Unternehmen, sich kurz- und mittelfristig den Herausforderungen einer veränderten Belegschaft zu stellen und Anpassungsstrategien zu entwickeln, um im „War for Talents" (Friecke und Dörner 2007) zu bestehen und somit ihren Personalbedarf weiterhin quantitativ als auch qualitativ decken zu können (Bullinger und Buck 2007, S. 16). Folglich kann antizipiert werden, dass sich der Handlungsspielraum in der Personalbeschaffung sowie im Erhalt von Unternehmen maßgeblich ändern wird (Schleiter und Armutat 2004, S. 4).

Durch die beschriebenen Entwicklungen lässt sich prognostizieren, dass sich vor allem der Wettbewerb um hochqualifizierte Fach- und Führungskräfte in den kommenden Jahrzehnten verschärfen wird, da die demographischen Veränderungen weiterhin sukzessive zu einer schwindenden Zahl von Hochschulabsolventen und Berufsanfängern führen. Das Angebot junger, qualifizierter Nachwuchskräfte, sog. Young Professionals, wird folglich immer geringer, während zur selben Zeit viele Erwerbstätige immer früher aus dem Arbeitsleben ausscheiden (Schleiter und Armutat 2004, S. 4). Die Schaffung von attraktiven Arbeitsbedingungen, um die angesprochene Zielgruppe an potenziellen Mitarbeitern zu erreichen und dem Pro-

© Springer Fachmedien Wiesbaden 2014
J. Ruthus, *Arbeitgeberattraktivität aus Sicht der Generation Y,* essentials,
DOI 10.1007/978-3-658-07918-5_2

blem von nicht besetzten Fachkräftestellen zu begegnen, steht demnach in fast allen Branchen ganz oben auf der Agenda (Bechmann et al. 2012, S. 8).

Gemäß des Forschungsberichts des Instituts für Arbeitsmarkt- und Berufsforschung (IAB) sind Gründe, die die aktuelle Verknappung an qualifizierten Fachkräften teilweise erklären können, möglicherweise die mangelnde Ausschöpfung innerbetrieblicher Möglichkeiten zur Deckung des Fachkräftebedarfs wie bspw. Laufbahnentwicklungs- und Nachfolgeplanung sowie ein zu geringer Stellenwert der betrieblichen Aus-und Weiterbildung (Fischer et al. 2008, S. 59 ff.).

Die Ergebnisse zeigen, dass der Erfolg der Besetzung von Fachkräftestellen neben externen Faktoren wie bspw. Unternehmensgröße und Branche ebenfalls maßgeblich mit dem personalpolitischen Engagement der Unternehmen selbst zusammenhängt. Die Unternehmen, die gezielt personalpolitische Maßnahmen wie Aus- und Weiterbildung einsetzen oder Nachfolgeplanung vor dem Ausscheiden älterer Mitarbeiter verfolgen, erwarten seltener Schwierigkeiten bei der Besetzung von Stellen. Weiterhin zeigt sich, dass solche Unternehmen, die bereits Probleme bei der Besetzung von Fachkräften antizipieren, frühzeitig und vorausschauend innerbetriebliche Maßnahmen anwenden. So bilden über die Hälfte dieser Unternehmen aus, fördern Weiterbildungen oder kombinieren beide Möglichkeiten innerbetrieblicher Qualifizierung. Die Verbindung beider betrieblicher Bildungsmaßnahmen korreliert mit der Qualifikationsstruktur der Beschäftigten (Fischer et al. 2008, S. 81).

Auch wenn die demographischen Effekte vorerst nur schleichend ihre Wirkung auf das Arbeitskräfteangebot zeigen, handelt es sich doch um eine unaufhaltsame Entwicklung. Wegen der hohen Bedeutung hochqualifizierter Fachkräfte für die unternehmerische Wettbewerbsfähigkeit und der zunehmenden Verknappung dieses Wettbewerbsfaktors kann es als zentrale personalpolitische Aufgabe angesehen werden, die Anstrengungen hinsichtlich Personalgewinnung, -bindung und -entwicklung zu erhöhen und somit die Arbeitgeberattraktivität des Unternehmens zu verbessern (Bollwitt 2010, S. 23). Aufgrund der beschriebenen Rahmenbedingung erscheint eine zielgruppenspezifische Analyse der attraktivitätsbeeinflussenden Arbeitgebermerkmale als entscheidend, da vermutet wird, dass sich potenzielle Kandidaten hinsichtlich ihrer Interessen und Bedürfnisse deutlich unterscheiden und ein standardisiertes Leistungsangebot den spezifischen Anforderungen daher nicht gerecht werden kann (Bollwitt 2010, S. 48).

Generationsbilder im Arbeitsleben 3

Wie oben erwähnt, kann angenommen werden, dass Unternehmen, die gezielt personalpolitische Maßnahmen einsetzen, in der Besetzung von Fachkräftestellen erfolgreicher sind. Um folglich eine zielgruppenspezifische Segmentierung realisieren zu können, liegt die Vorgehensweise nahe, die Einordnung entsprechend der Bedürfnisse und Lebensweisen der Arbeitnehmergenerationen vorzunehmen (Hauke Holste 2012, S. 17). Dieser Abschnitt widmet sich daher den verschiedenen Arbeitnehmergruppen und den unterschiedlichen generationsspezifischen Bedürfnissen, die es im Personalmanagement von Unternehmen zu berücksichtigen gilt. Um die personalpolitischen Maßnahmen wie bspw. die Mitarbeitergewinnung, -entwicklung und -bindung zielführend auszurichten, ist es wichtig zu erkennen, wodurch sich die einzelnen Arbeitnehmergenerationen auszeichnen und worin es Unterschiede und Gemeinsamkeiten zu beachten gilt.

3.1 Arbeitnehmergenerationen und generationsspezifische Werte sowie Bedürfnisse im Überblick

In der Literatur herrschen ambivalente Ansichten bezüglich der altersbezogenen Kategorisierung von Generationen. Des Weiteren gibt es Autoren, die die Diskussion um die verschiedenen Arbeitnehmergenerationen gänzlich ablehnen und den Trend um generationsgerechte Personalarbeit in Frage stellen (Hauke Holste 2012, S. 17). Dieser Tadel scheint nicht unberechtigt, vernachlässigt eine derartige Einstellung möglicherweise die fundamentale Diversität einzelner Generationen (Schulmeister 2010, S. 27), denn „[...] Menschen sollten immer erst als Individuen

© Springer Fachmedien Wiesbaden 2014
J. Ruthus, *Arbeitgeberattraktivität aus Sicht der Generation Y*, essentials,
DOI 10.1007/978-3-658-07918-5_3

angesehen werden und erst dann einer Generation zugehörig und nicht umgekehrt." (Hauke Holste 2012, S. 17). Innerhalb einer Generation existieren vermutlich ebenso viele Unterschiede wie zwischen Generationen. Für die Entwicklung eines aufrichtigen Verständnisses für eine Gruppe von Menschen sind Stereotypisierung und das Aufgreifen von Vorurteilen wenig hilfreiche Mechanismen. Deshalb ist es notwendig bei der folgenden Typisierung stets den vereinfachenden Charakter zu beachten (DGFP e. V. 2011, S. 10).

Die Praktikabilität der generationsgerechten Personalarbeit bedarf dennoch gewisser Kategorisierungen, die Orientierungshilfe bieten können, jedoch keine exakten Instrumente darstellen, um individuelles Verhalten zu verstehen (Klaffke und Parment 2011, S. 6). Der vorliegende Beitrag konzentriert sich auf die in der Literatur geläufigste Unterteilung, in der gegenwärtig grob drei Generationen im Arbeitsleben differenziert werden können. Diese zeichnen sich durch unterschiedliche Bedürfnisse bezüglich ihres Arbeitgebers und differenzierte Verhaltensweisen bei der Suche nach neuen Herausforderungen aus (Arnold 2012, S. 17). Soziologisch wird der Begriff Generation als „Gesamtheit der Menschen ungefähr gleicher Altersstufe mit ähnlicher sozialer Orientierung und Lebensauffassung" (Duden Online 2014) definiert. Demnach ist die Generationszugehörigkeit zwar ein wichtiger Ansatz, kann jedoch nicht ausschließliche Erklärungsgrundlage für differenziertes Denken und Handeln von Menschen sein, da Geschlecht, geografische Herkunft, sozioökonomischer Hintergrund oder Familienstrukturen ebenso bedeutende Einflussfaktoren darstellen. Auf aggregierter Ebene ist Generationszugehörigkeit jedoch in einer Vielzahl von Studien eine wichtige Dimension, um Verhalten zu prognostizieren (Klaffke und Parment 2011, S. 6).

Den eben dargelegten Ausführungen entsprechend ist die Charakterisierung der einzelnen Generationen in Abb. 3.1 stark verallgemeinernd und kann im Einzelfall deutlich abweichen.

3.2 Ein- und Abgrenzung der Generation Y

Abgesehen von der Generation Y finden sich in Unternehmen heutzutage vor allem die Generation der Baby Boomer sowie die Generation X. Da die beiden letzteren diejenigen sind, die gegenwärtig die Generation Y führen, werden sie im Folgenden kurz skizziert – wohl wissend, dass hiermit dem Erleben und Erwarten ganzer Gruppen und Individuen nicht gerecht zu werden ist (DGFP e. V. 2011, S. 8).

Baby Boomers Die Generation der Baby Boomer ist in etwa zwischen 1946 und 1964 geboren und heute somit zwischen 49 und 68 Jahre alt (Arnold 2012, S. 17). Die Generation der Baby Boomer ist in der Nachkriegszeit aufgewachsen, die bis

	Baby Boomer	Generation X	Generation Y
Geboren:	1946-1964	1965-1979 (auch Generation MTV, Schlüsselkinder Generation, Generation Golf)	1980-2000 (auch Millenials, Generation Next, Nexters, NetGeneration, Generation Nintendo, Netzwerk-kinder, Trophy Kids, Generation Praktikum)
Generations-eigenschaften:	Idealistisch, anspruchsvoll, durchsetzungsfähig, teamfähig, umweltbewusst, emanzipiert, konkurrenz- und konflikterprobt, interessiert an Selbstbestimmung und postmateriellen Werten	Individualismus, materielle Werte, karriereorientiert, pragmatisch, rational, weniger loyal	Tolerant, lernbereit, sehr technologieaffin, aufgeschlossen, flexibel, mobil, anspruchsvoll
Lebensphase:	Langsamer Eintritt in die zweite Lebenshälfte , teilweise noch größter Teil der Elterngeneration, erste ‚Lebensbilanz', auf dem Höhepunkt des Berufslebens	Mittlere Lebensphase, im Beruf etabliert, bereits Kinder bzw. baldige Familienplanung	Beginnende Etablierung im Berufsleben, Unabhängigkeit nach Verlassen des Elternhauses und vor eigener Familiengründung
Alterungs-effekte:	Erste Rückgänge der körperlichen und geistigen Leistungsfähigkeit, jedoch stark vom Individuum abhängig und durch Leistungsbe-reitschaft und Erfahrung ausgleic-hbar	Keine Rückgänge der Leistungsfähigkeit und im besten Erwerbsalter, leistungsfähig und von Kompetenz überzeugt	Körperlich und geistig sehr gute Leistungsfähigkeit, hohe Lernfähigkeit bei niedrigem Erfahrungsschatz
Zentrale Entscheidungs-kriterien für einen Arbeitgeber:	Längerfristige Perspektive, eventuell bis zur Pensionierung, Sicherheit und Stabilität des Unternehmens, Sozialleistungen, Wertschätzung der Erfahrung, eventuell Teilzeitmodelle oder geringere Arbeitsbelastung (ohne Einbußen des Ansehens)	Karrieresprung durch Stelle-nwechsel, Entwicklungsmö-glichkeiten im Unternehmen, soziales Ansehen der Stelle/ Aufgabe, Anerkennung von Leistung, Lohn und Sozialleistungen, flexible Arbeitszeit - oder Teilzeit-modelle (insbesondere bei Eltern)	Spaß an der Arbeit, Begeisterung für Produkte, herausfordernde Aufgaben, Arbeitsmarktchancen, Qualität der Produkte, Identifikation mit Mitarbeitern, Weiterbildungsmö-glichkeiten
Meist genutzte Informations-kanäle bei der Stellensuche:	Zeitungsinserate (höherstehende oder fachspezifische Publikationen), persönliches Netzwerk (Kollegen, Arbeitsbeziehungen, Kunden, Lieferanten, Wettbewerber), direktansprechende Personalberatungen (Executive Search, fachlich spezialisierte Vermittler, Outplacement Berater)	Jobplattformen mit tformen mit elektronische Benachrichtigung über neue Stellenausschreibungen (‚Job-Abo'), Platzieren des Lebenslaufs bei Personalberatungen, ‚Gefunden werden' auf Plattformen wie Xing, Link-edln	Image oder Produkte von bekannten Firmen, Erfahrungen und Empfehlungen von Kollegen/ Freunden, zufällige Informationen in Gesprächen, Berichten, Erzählungen, Erwähnen in sozialen Netzwerken, Werbung an Orten, an denen sie sich ‚aufhalten'
Schwächen:	Technologiefremd, altbacken, harmoniesüchtig, kritikempfindlich	Skeptisch, nörgelnd, ungeduldig, durchsetzungsschwach	Unausgeglichen, sprunghaft, feedbacksüchtig, sehr betreuungsintensiv
Autoritäten:	Akzeptieren Regeln, Autoritäten	Stellen Autoritäten offen in Frage, skeptisch	Erkennen nur solche Autoritäten an, die sich ihren Respekt verdient haben
Feedback und Belohnung:	Feedback ist nicht so wichtig (mitunter störend), Geld oder Titel (Statussymbole)	Sind an Feedback interessiert, Freiheit wichtiger als Geld/ Titel	Feedback ist essentiell und am besten auf Knopfdruck, erfüllende und anspruchsvolle Arbeitsaufgabe
Vereinbarkeit von Berufs- Privat- und Familienleben:	Wenig Balance, Arbeit als Leben	Möchten Balance	Vermischen Privat- und Berufsleben
Prägende Erfahrung:	Mondlandung, Frauenbewegung, Woodstock	Kalter Krieg, Fall der Berliner Mauer, Beginn der Massenmedien (MTV), Aids	Beginn des Informationszeitalters, Google/ Facebook, „War on Terror"/ Irak-Krieg, steigende Öl- und Lebensmittelpreise
Technische Innovation:	PC	Handy	Google/ Facebook

Abb. 3.1 Übersicht über die relevanten Generationsmerkmale. (Quelle: Eigene Darstellung in Anlehnung an Henning 2012, S. 26 ff.; Hauke Holste 2012, S. 22 ff.; DGFP e. V. 2011, S. 10 ff.; Zemke et al. 2000, S. 8 ff.)

zur Verbesserung der wirtschaftlichen Situation politisch durch eine tendenzielle Linksorientierung sowie vornehmlich von Warenknappheit gekennzeichnet war (Parment 2009, S. 22). Der Name ist durch den hohen Anstieg der Geburtenrate nach dem Zweiten Weltkrieg zurückzuführen, der durch den sog. Pillenknick[1] beendet wurde. Leistungsorientierung, Beständigkeit und hoher Berufsbezug charakterisieren diese Generation (Hauke Holste 2012, S. 22). Die Baby Boomer haben gelernt, sich durch überdurchschnittliche Leistungsfähigkeit die Voraussetzungen für einen sicheren Arbeitsplatz zu ebnen und prägten somit den Ausspruch: „Thank god it's monday" und die 60 h-Arbeitswoche (Zemke et al. 2000, S. 21). Diese Gruppe an Arbeitnehmern verfügt über die geringste Wechselneigung in Bezug auf die Arbeitsstelle und begibt sich zumeist nur dann auf Stellensuche, wenn die Umstände es erfordern.

Generation X Der Name Generation X ist von dem gleichnamigen Roman des Kanadiers Douglas Coupland abgeleitet (1991). Angehörige dieser Generation befinden sich aktuell im mittleren Erwerbsalter und erfahren nach teilweise steilen Einstiegskarrieren nun im Zuge der „New Economy" die Gefahren der Arbeitslosigkeit (Henning 2012, S. 30). Sie sind in ihrem Produktivitätshoch, welches auf Wissen, Erlerntem und Erfahrung basiert und nutzen Stellenwechsel gezielt für Karrieresprünge, die außerhalb der Unternehmen häufig leichter zu bewerkstelligen sind (Arnold 2012, S. 19). Die Entscheidung für eine eigne Familie wurde oftmals gegen die Verlängerung der Unabhängigkeit eingetauscht, was mittlerweile jedoch wegen eines Gefühls des privaten Nachholbedarfs geändert wurde (Henning 2012, S. 30). Sie verfügen über klare Vorstellungen hinsichtlich Balance in ihrem Leben und vertreten die Einstellung: „Work is work. And they work to live, not live to work" (Zemke et al. 2000, S. 21).

3.3 Charakterisierung der Generation Y

Die Kohorte der zwischen 1980 und 2000 Geborenen wird im Allgemeinen als die Generation Y bezeichnet. In der Literatur finden sich bezüglich der Einteilung der Geburtsjahre verschiedene Hinweise. So gibt es Autoren, die die Zeitspanne etwas früher ansetzen und einige, die den Startjahrgang etwas später definieren (Hauke Holste 2012; Parment 2009). Des Weiteren wird von manchen Autoren

---

[1] Pillenknick ist im allgemeinen Sprachgebrauch die Bezeichnung für den starken Geburtenrückgang in der Bundesrepublik Deutschland ab Mitte der sechziger Jahre des 20. Jahrhunderts, womit auf einen Zusammenhang hinsichtlich der zunehmenden Verbreitung der 1960 eingeführten Antibabypille angespielt wird.

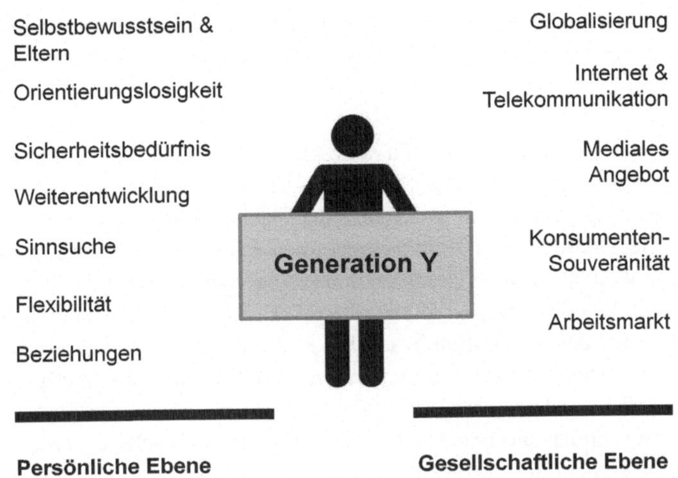

Abb. 3.2 Einflussfaktoren auf die Charakteristika der Generation Y. (Quelle: Eigene Darstellung in Anlehung an Henning 2012, S. 36, DGFP e. V. 2011, S. 10 ff., Klaffke und Parment 2011, S. 7 ff.)

teilweise bereits im engeren Sinne zwischen der Generation Y (geboren zwischen 1978 und 1990) und der Generation Z (geboren zwischen 1991 und 2000) unterschieden (DGFP e. V. 2011, S. 9). Für den vorliegenden Kontext ist eine akkurate Eingrenzung der Jahresangaben weniger entscheidend, da sie sich nicht auf Kinder und Jugendliche der Generation Y fokussiert sondern auf die älteren Mitglieder jener Generation, die sich gerade auf das Arbeitsleben vorbereiten oder bereits seit einigen Jahren in der Berufswelt stehen.

Zunächst wird versucht, die Generation Y anhand literaturgestützter Analyse näher zu beschreiben. Während diese Thematik in die deutsche Managementliteratur eher zögerlich Einzug hält, existieren im US-amerikanischen Raum bereits eine Vielzahl an Studien, die sich mit der Generation Y beschäftigen. Allerdings kommen nicht alle zu den gleichen Ergebnissen (Enderle 2008, S. 12). Etliche Charakteristika können jedoch als „typisch" bzw. speziell für diese Generation angesehen werden. Besonders berücksichtigt wurden hierbei gesellschaftliche und äußere Einflüsse sowie persönliche Hintergründe, von denen eine Auswirkung auf die Prägung während des Kindheitsalters angenommen werden kann. Die bedeutendsten Einflussgrößen sind in Abb. 3.2 zusammengefasst.

Persönliche Ebene Im Folgenden sollen die Charaktereigenschaften der Generation Y aufgeführt werden, die maßgeblich im Zusammenhang mit inneren Werten und Erziehung stehen.

Selbstbewusstsein und Eltern Zu den klassischen Charakteristika zählt das Selbstbewusstsein (Enderle 2008, S. 12). Mitglieder der Generation Y sind tendenziell Kinder reicher, nachgiebiger Eltern der Nachkriegsgeneration, die erstmals mit zwei Gehältern zum Haushaltseinkommen beitrugen und ihren Kindern in Folge mehr Wohlstand bieten konnten und weniger streng erzogen. Der Umstand entweder direkt oder indirekt durch das elterliche Sicherheitsnetz behütet zu werden, verhilft der Generation Y sorglos in die Zukunft zu blicken (Salt 2007, S. 11 ff.). Im Gegensatz zur Generation der Baby Boomer, die häufig eines von fünf oder sechs Kindern waren, sind die Angehörigen der Generation Y zumeist Einzelkinder. Kinder, die unter vielen Geschwistern aufwachsen, lernen vermutlich früh die Bedeutung von Respekt und Hierarchie kennen und wissen was es heißt „zu warten, bis man an der Reihe ist" und „abgenutzte Kleidungsstücke" aufzutragen. Bei vermögenden Eltern aufwachsende Einzelkinder hingegen kennen keine Geduld „Ich möchte das und zwar jetzt" (Salt 2007, S. 11 ff.). Des Weiteren verfügen Einzelkinder über großes Verhandlungsgeschick, da sie es gewohnt sind, in Einzelgesprächen von Kindesschuhen an mit Autoritätspersonen zu argumentieren. Diese Fähigkeit erweist sich im späteren Berufsleben als gewinnbringend (Salt 2007, S. 11 ff.).

Orientierungslosigkeit Eine weitere Eigenschaft, die die Generation Y kennzeichnet ist die Orientierungslosigkeit. „Im Gegensatz zu früheren Zeiten bieten sich der Generation Y im Zusammenhang mit den wirtschaftlichen, gesellschaftlichen und bildungspolitischen Entwicklungen heute unzählige Wahlmöglichkeiten – sei es bei der Zusammenstellung von auf den persönlichen Bedarf genau zugeschnittenen Produkten und Dienstleistungen, sei es bei der Gestaltung der beruflichen und privaten Zukunft" (DGFP e. V. 2011, S. 13). Diese Breite an Wahlmöglichkeiten wird von Angehörigen der Generation Y als Fluch und Segen zugleich angesehen (Parment 2009, S.18). Einerseits eröffnen diese Wahlmöglichkeiten ungeahnte Chancen, den Lebensweg einzuschlagen, der genau auf die individuellen Fähigkeiten und Talente zugeschnitten ist und somit die beste Voraussetzung für die persönliche Entfaltung bietet. Andererseits überfordert diese Vielzahl an Alternativen in ihrer Komplexität den Einzelnen und löst Ohnmacht und Orientierungslosigkeit bei der Suche nach dem „perfekten" Weg aus (DGFP e. V. 2011, S. 13). Millenials verspüren den zunehmenden Druck, nicht alle Möglichkeiten, die das Leben bietet, ausschöpfen zu können. „Viele Eindrücke aus verschiedenen Zusammenhängen und viele Freunde, die interessante Erfahrungen in verschiedenen Ausbildungen,

Ländern und Branchen gemacht haben, fördern die Mentalität, Träume und Ambitionen realisieren zu können und zu müssen" (Parment 2009, S. 42 f.).

Sicherheitsbedürfnis Gemäß der Deutschen Gesellschaft für Personalführung (2011) ist Sicherheit für die Generation Y nur von untergeordneter Bedeutung. Dies ist möglicherweise zum einen in der Erfahrung und dem Realitätssinn der Millenials in Bezug auf die heutige Arbeitsplatzunsicherheit begründet, zum anderen Beweis für die Verinnerlichung der Notwendigkeit zur Aneignung einer langfristigen Beschäftigungsfähigkeit (der sog. „Employability"[2]), die heutzutage auf dem Arbeitsmarkt von weitaus größerer Relevanz ist, als dies in früheren Zeiten der Fall war (DGFP e. V. 2011, S. 14). Auch andere Autoren konstituieren, dass Sicherheitsdenken in beruflicher Hinsicht den meisten Angehörigen der Generation Y fremd sei, sie hingegen Veränderungen selbstverständlich einfordern würden (Meinert 2008). Dieser Argumentation folgend kann dieses mangelnde Sicherheitsbedürfnis eventuell die hohe Veränderungsbereitschaft und die stetige Wechselbereitschaft im Berufsleben der Generation Y erklären.

Gemäß der Universum Studie „German Ideal Employers 2012" an der sich mehr als 23.000 Studenten beteiligten, spielen sichere Arbeitsverhältnisse hingegen für Angehörige der Generation Y durchaus eine bedeutende Rolle. Diesen widersprüchlich erscheinenden Ergebnissen zufolge kann vermutet werden, dass die Generation Y einerseits Sicherheit und Struktur würdigt, sich andererseits ihrer Flexibilität im Arbeitsleben jedoch nicht berauben lassen möchte (Laick 2009, S. 21 ff.). So streben viele Millenials, trotz des Wunsches im Verlauf des Berufslebens für verschiedene Arbeitgeber tätig zu sein, einen unbefristeten Arbeitsvertrag an, halten sich allerdings jederzeit die Option offen, den Arbeitgeber wieder wechseln zu können (DGFP e. V. 2011, S. 14). Die Schnelllebigkeit und Komplexität der Berufswelt veranlasst Millenials hingegen auch, sich gerade im Privatleben überraschend bürgerlichen Werten zu verschreiben, die Halt und Ordnung suggerieren (Dostert 2010).

Weiterentwicklung Personalentwicklung hat sich zu einem der bedeutendsten Attraktivitätsfaktoren von Arbeitgebern für die Generation Y entwickelt. Dies lassen die jungen Berufsbewerber bereits im Einstellungsgespräch deutlich werden, indem sie den potenziellen Arbeitgeber genau nach möglichen Qualifizierungsangeboten und Entwicklungsperspektiven befragen (Kleiminger 2011, S. 135 ff.).

---

[2] Employability bezeichnet das Konzept der Notwendigkeit ständiger Weiterqualifizierung und lebenslangen Lernens sowie die Eigenverantwortung des einzelnen Arbeitnehmers für seine gesamte Erwerbsbiografie bei sich ständig wandelnden Anforderungen.

Unternehmen werden von den Bewerbern akribisch überprüft, um keinen fadenscheinigen Versprechungen zu erliegen, die später von den Betrieben nicht eingehalten werden, insbesondere wenn mögliche Mitbewerber mit erkennbar seriöseren Perspektiven werben (DGFP e. V. 2011, S. 16).

Im Sinne der synonymen Bezeichnung „Trophy Kids" für die Generation Y, wird versucht, sich teilweise beliebig ein Arsenal an Fähigkeiten anzueignen, um attraktiv auf dem Arbeitsmarkt für den umkämpften Traumjob zu sein und sich vor dem Hintergrund der Employability strategisch zu positionieren. Hierzu zählen u. a. Fremdsprachenkenntnisse, internationale Arbeitseinsätze und ein scheinbar unermüdliches Depot an Zusatzqualifikationen, die nicht zwingenderweise einen Beweis für das hohe Interesse an der spezifischen Arbeitsaufgabe darstellen, sondern vielmehr im Sinne einer „Rundumsorglos-Logik" (Dostert, 2010) erworben werden. Ferner sind die jungen Berufstätigen nicht mehr bereit, lange Zeit auf die Inanspruchnahme von Weiterentwicklungsmaßnahmen zu warten oder sich die Teilnahme durch beständige Anstrengung zu erarbeiten. Dies betrifft ebenso die Option auf durch den Arbeitgeber geförderte und organisierte internationale Arbeitseinsätze oder zeitlich beschränkte Auslandsaufenthalte. Das Angebot und die Möglichkeit zur Partizipation müssen von Unternehmenseintritt an gegeben sein (DGFP e. V. 2011, S. 16; PricewaterhouseCoopers S. 14 ff.).

Sinnsuche Viele Angehörige der Generation Y befinden sich in einer Sinnkrise. Die nahezu uneingeschränkten Möglichkeiten der persönlichen Entfaltung lassen die jungen Berufstätigen an der Richtigkeit ihres eingeschlagenen Weges zweifeln und führen vereinzelt sogar in die „Quarterlife-Crisis" (Hoffmann 2002). Immer weniger Young Professionals streben nach der klassischen Karriere oder sehen die Ausübung einer Führungsposition als primäres Ziel. Von größerer Bedeutung sind für die jungen Berufstätigen interessante Arbeitsinhalte, die Anerkennung der eigenen Leistung sowie Ausgewogenheit zwischen Arbeits- und Privatleben. Gründe für diese veränderten Zielvorstellungen können möglichweise darin liegen, dass seitens der Generation Y der Erwartungsdruck, der an Führungskräfte gestellt wird und die zu leistenden Anstrengungen bereits negativ bei ihren Eltern wahrgenommen werden. Die Abneigung hinsichtlich traditioneller Karrieremodelle nimmt kontinuierlich zu, was auch in der Sorge begründet sein kann, in festgefahrenen hierarchischen Strukturen großer Unternehmen keine Entfaltungsmöglichkeiten gewährt zu bekommen und ohnehin nur ausführende Kraft ohne eigenen Entscheidungsspielraum zu sein.

Flexibilität Die Flexibilität der Generation Y kann auf zahlreiche Anwendungsfelder bezogen werden, so auch auf die Abgrenzung von Arbeit und Privatleben.

Vor allem im Zuge des technologischen Fortschritts verschwimmen die Grenzen zwischen diesen beiden Domänen, der sog. Work-Life-Balance. Viele Mitglieder der Generation Y sehen die strikte Trennung nicht mehr als erforderlich an und sind bereit auch in der Freizeit zu einem bestimmten Anteil dem Arbeitgeber zur Verfügung zu stehen. Im Gegenzug erwarten sie jedoch auch die Erlaubnis, private Angelegenheiten bis zu einem gewissen Maße während der Arbeitszeit erledigen zu dürfen. So könnte exemplarisch für die Vorbereitung einer geschäftlichen Präsentation am Vorabend von zu Hause aus auch das Einverständnis zur Tätigung einer Überweisung via Online-Banking vom Arbeitsplatz erwartet werden (Parment 2009, S. 95 ff.). Das Verbot der privaten Nutzung des Internetanschlusses im Unternehmen ruft Unverständnis, zum Teil sogar Ablehnung hervor (DGFP e. V. 2011, S. 15).

Weiterhin wollen Millenials „regelmäßig und zeitnah Feedback, interessante und vielfältige Arbeitsaufgaben, jede Menge Spaß und dazu Arbeitszeiten, die sie sich selbst einteilen können. Langfristige Anreize – wie nach Arbeitsjahren gestaffelte Gehälter oder Rentenansprüche – finden dagegen wenig Anklang" (Meinert 2008). Die langfristige Bindung an ein Unternehmen wiederstrebt dem Flexibilitätsbedürfnis der Generation Y.

Beziehungen Soziale Beziehungen nehmen einen hohen Stellenwert für die Generation Y ein und übersteigen den Arbeitgeber meist in seiner Bedeutung. Hierbei lassen sich zwei kontroverse Phänomene beobachten: Einerseits legen Millenials verstärkt Wert auf gute, teilweise sogar freundschaftliche Verhältnisse am Arbeitsplatz, andererseits konzentrieren sie sich zunehmend auf soziale Netzwerke außerhalb des Unternehmens. „Die informellen Beziehungen bei der Arbeit werden [...] wichtiger als sie es in älteren, starreren Berufen waren. Das typische Netzwerk ist ein amorphes Gebiet, in dem nicht mehr zwischen Arbeit und Freundschaft unterschieden wird" (Schwenke und Weber-Guskar 2008). So ein erster Erklärungsansatz des amerikanischen Soziologen Sennett. Eine exakte Trennung zwischen Geschäftlichem und Privatem existiert auch hier nicht mehr.

Die Tatsache, dass Millenials verstärkt Wert auf die Pflege von sozialen Kontakten außerhalb der Arbeit legen, ist möglicherweise darin begründet, dass die hohe Wechselbereitschaft und der Wunsch durch häufiges „Job-Hopping" schneller die Karriereleiter zu erklimmen einen mehrfachen Austausch der Arbeitskollegen und somit der direkten sozialen Kontakte, mit denen die Generation Y unmittelbar in Kontakt stehen, impliziert (Parment 2009, S. 29 ff.).

Gesellschaftliche Ebene Auf gesellschaftlicher Ebene haben folgende Entwicklungen maßgeblichen Einfluss auf die Generation Y:

Globalisierung Die Deregulierung von Märkten, informationstechnologische Fortschritte, sowie abnehmende Transport- und Kommunikationskosten haben international zu einer steigenden Verflechtung von Wirtschaftsaktivitäten zwischen den Ländern geführt. Mit dem Begriff Globalisierung verbindet die Generation Y vor allem die Möglichkeit, ohne größere Hindernisse und Einschränkungen länderübergreifend studieren, arbeiten oder reisen zu können sowie die Assoziation kultureller Vielfalt. Jedoch wissen die Millenials auch um negative Auswirkungen in diesem Zusammenhang: Klimawandel, Erderwärmung, gestiegene Arbeitslosigkeit in Folge von Stellenstreichungen und Unternehmensumsiedlungen. Letzteres ist der Grund, weshalb junge Berufstätige Nachhaltigkeits- sowie CSR-Programme als durchaus ernstzunehmende Auswahlkriterien bei der Entscheidung für einen potenziellen Arbeitgeber heranziehen (Klaffke und Parment 2011, S. 8 f.).

Internet und Telekommunikation Die prägendste Veränderung in der formativen Phase der Generation Y ist vermutlich die Evolution des Internets und der digitalen Medien. Waren die ersten Jahre der Nutzung des Internets geprägt von dem Wunsch nach Zugang zum weltweiten Informationsnetz, hat sich der Schwerpunkt in den letzten Jahren hinsichtlich dem Wunsch nach Partizipation, Vernetzung und Mitgestaltung verlagert (Klaffke und Parment 2011, S. 9). Millenials sehen das Internet als Informationsquelle und Wissensbasis als selbstverständlich an (Parment 2009, S. 43 f.). Zur Aneignung neuer Wissensinhalte sind die Benutzung des Internets, die Nutzung von Multimedia-Techniken, die Anwendung von E-Learning und die Inanspruchnahme datenbank-basierten Knowhow-Transfers zumeist eine Banalität (Meinert 2010). Jedoch darf die Heterogenität der Millenials nicht unterschätzt werden, denn nicht alle Angehörigen der Generation Y gehören zu den „digitalen Helden" (Wangert 2010, S. 21).

Vor dem Hintergrund der technischen Versiertheit sehen Millenials einen innovativen Arbeitsplatz mit zeitgemäßen Technologien wie bspw. die Ausstattung mit Laptop, Smartphone, Blackberry etc. als Selbstverständlichkeit an, um der Forderung nach Erreichbarkeit und Schnelligkeit gerecht zu werden und weniger als einen Ausdruck von Status wie ihre Vorgänger (DGFP e. V. 2011, S. 17).

Mediales Angebot Mit der Einführung des häufig werbefinanzierten Privatfernsehens hat sich weiterhin eine fühlbare Kommerzialisierung und Verschiebung gesellschaftlicher Werte des Sendeangebots von Rundfunk- und Fernsehanstalten vollzogen. Protagonisten der zumeist aus den USA stammenden Fernsehserien wie *„Sex and the City"*, *„Beverly Hills"* oder das spätere *„Gossip Girl"* transportierten die neuen Werte in deutsche Haushalte und zeigten einen neuen Lebensstil auf, der zu diesem Zeitpunkt als Gegensatz zur bisherigen traditionellen Lebenshaltung angesehen werden konnte (Klaffke und Parment 2011, S. 10; Parment 2009, S. 54).

Auch vermitteln die neuen Reality-TV-Formate und Casting-Shows wie „Big Brother", „Germany's Next Topmodel", oder „Deutschland sucht den Superstar" die Botschaft, dass es ohne vormals essentielle Voraussetzung für Berühmtheit oder Karriere möglich ist, im Leben Erfolg zu haben und unverhofft zum Star zu werden. „Die Tendenz sich von Stars inspirieren zu lassen, ist nicht neu, sie greift aber tiefer in die gesellschaftliche Identitätsentwicklung ein und wird weniger von gesellschaftlichen Erfordernissen und Normen begrenzt" (Parment 2009, S. 55).

Konsumentensouveränität Die Generation Y wächst bereits mit deutlich mehr Wahl- und Einflussmöglichkeiten auf als ihre Vorgängergenerationen. Die Deregulierung der Märkte sowie die Verringerung von Transportkosten führen zu einem Anstieg des internationalen Handels. Der Eintritt von Niedrigpreisanbietern (z. B. RyanAir und H&M) ermöglicht dem Verbraucher zudem, sich zwischen verschiedenen Preis-, Leistungs- und Qualitätsalternativen zu entscheiden, was durch die fortschreitende Markttransparenz im Zuge der Verbreitung des Internets weiter intensiviert wird. Der steigende Konkurrenzdruck zwischen den Wettbewerbern hat eine Verschiebung der Marketingaktivitäten zur Folge. Unternehmen konzentrieren sich darauf, ihre Alleinstellungsmerkmale hervorzuheben und versuchen ihre Kunden verstärkt auf emotionaler Ebene anzusprechen (Klaffke und Parment 2011, S. 11). Millenials sind es gewöhnt, dem eigenen Lebensstil durch die Verwendung entsprechender Markenprodukte Ausdruck zu verleihen und sich zwischen einer Vielzahl von Alternativen, die genau auf ihre Erfordernisse angepasst werden, zu entscheiden. Folglich kann angenommen werden, dass die Generation Y diese starke Markenorientierung, die hohen Ansprüche und das starke Bedürfnis nach emotionaler Ansprache auch auf die Wahl eines passenden Arbeitgebers projiziert.

Arbeitsmarkt Auch am Arbeitsmarkt vollzieht sich gemäß dem Absatzmarkt eine Steigerung der Transparenz. Analog zur Konsumentenverhaltensforschung werden verstärkt Anstrengungen unternommen, das Entscheidungsverhalten von potenziellen Bewerbern bei der Arbeitgeberwahl zu entschlüsseln. So kann angenommen werden, dass Arbeitgeberstudien, Bewertungsportale und unternehmenseigene Karriereseiten bei der Gewinnung von Young Professionals eine wichtige Rolle spielen.

Einen weiteren maßgeblichen Einfluss auf den Arbeitsmarkt wird dem Strukturwandel vom Industriesektor hin zum Dienstleistungssektor unterstellt. Die Bedeutung von geistiger Arbeit, fachgerechter Ausbildung und lebenslangem Lernen steigt, wohingegen die gering qualifizierte Arbeit stetig an Relevanz verliert.

Neben der Gewinnung von Talenten erhalten in diesem Zusammenhang auch Marken, Werte und weitere immaterielle Faktoren eine immer größere Gewichtung für die Überlebensfähigkeit von Organisationen (Klaffke und Parment 2011, S. 11). Dieses Wissen innehabend und die Macht der Demographie hinter sich wissend, zeigt sich die Generation Y „wählerisch wie eine Diva beim Dorftanztee" (Buchhorn und Wehrle 2011), bei der Suche nach dem zukünftigen Arbeitgeber.

Gezieltes Personalmanagement zur Steigerung der Arbeitgeberattraktivität

4

Die zunehmende Komplexität vieler Unternehmen, die Verschärfung und Globalisierung des Wettbewerbs und die bereits beschriebenen demographischen Auswirkungen und daraus resultierende Veränderungen auf die Belegschaft, lassen das Personalmanagement zu einer stetig an Bedeutung gewinnenden Unternehmensfunktion werden, die maßgeblich zur Verwirklichung der Unternehmensziele beiträgt. Demnach ist es eine der wichtigsten Aufgaben des strategischen Human Resources Managements, sich systematisch mit der Generation Y auseinanderzusetzen und durch geeignete Maßnahmen zur Gewinnung, Entwicklung und Bindung qualifizierter Nachwuchskräfte beizutragen, um dem Fachkräftemangel vorzubeugen (Klaffke und Parment 2011, S. 5).

4.1 Personalgewinnung und Employer Branding

Die Zukunftsfähigkeit von Unternehmen und eine erfolgreiche Abgrenzung gegenüber den Mitbewerbern werden in Zukunft nicht mehr in erster Linie durch gute Produkte erfolgen, sondern durch den Kampf um gute Mitarbeiter (Olesch 2012, S. 68). Bedingt durch den demographischen Wandel können sich die sog. High Potentials der Generation Y bereits heute die besten Jobangebote aussuchen. Gerade in hochspezialisierten Branchen können Studenten oftmals vor Abschluss der Bachelor- oder Masterarbeit zwischen verschiedenen Arbeitgeberangeboten auswählen (Klaffke und Parment 2011, S. 5).

Der Aufbau einer attraktiven Arbeitgebermarke ist von höchster Bedeutung, um die Aufmerksamkeit und das Interesse jener Nachwuchskräfte zu wecken. Hierbei

© Springer Fachmedien Wiesbaden 2014
J. Ruthus, *Arbeitgeberattraktivität aus Sicht der Generation Y*, essentials,
DOI 10.1007/978-3-658-07918-5_4

Name des Bewertungsportals	Internet-Adresse	Anzahl bewerteter Unternehmen
Kununu	www.kununu.de	ca. 85.000
Jobvoting	www.jobvoting.de	ca. 100.000
Companize	www.companize.com	Keine Angabe
Mein Chef	www.meinchef.de	Keine Angabe
Bewerte meine Firma	www.bewertemeinefirma.de	Keine Angabe

Abb. 4.1 Die derzeit bekanntesten Arbeitgeberbewertungsportale. (Quelle: Eigene Darstellung)

geht es jedoch nicht darum, vakante Stellen zeitnah und möglichst zielgruppenspezifisch auf Jobportalen und interessant aufbereiteten Unternehmenswebsites zu offerieren, sondern eine holistische Personalmarketing-Strategie auszugestalten. Diese sollte idealerweise an die als kritisch bewerteten personalpolitischen Gegebenheiten anknüpfen und somit für einen zielgerichteten Ressourceneinsatz im Personalwesen sorgen. Entsprechende Gestaltungsmaßnahmen knüpfen an das sog. Employer Branding an, unter dem „[…] die Adaption des Markenkonzepts im Kontext des Personalmanagements […]" verstanden wird, um „[…] den Aufbau sowie die Weiterentwicklung einer einzigartigen und glaubwürdigen Arbeitgebermarke, die eine Profilierung des Unternehmens als attraktiver Arbeitgeber gewährleisten soll […]" (Bollwitt 2010, S. 11) zu verfolgen.

Entsprechende Kommunikationsmaßnahmen können u. a. die Gestaltung des Karrierebereichs im Internetauftritt des Unternehmens sein oder die Repräsentation auf Plattformen wie Facebook, Linkedin, Xing, Twitter oder Youtube (Klaffke und Parment 2011, S. 16). Um die vielumworbenen hochqualifizierten Arbeitskräfte tatsächlich zu gewinnen, muss ein Unternehmen mit interessanten, personalpolitischen Angeboten überzeugen. Es ist nicht ausreichend, die potenziellen Mitarbeiter durch den Aufbau einer attraktiven Arbeitgebermarke lediglich auf das Unternehmen aufmerksam zu machen, sondern die umworbenen Bereiche müssen den Mitarbeitern schließlich auch faktisch zur Verfügung gestellt werden. Aufgrund der nahezu uneingeschränkten Transparenz sozialer Medien kann heutzutage relativ einfach durch Recherche in verschiedenen Arbeitgeberbewertungsportalen nachvollzogen werden, ob Unternehmen ihren marketingtechnischen Versprechen nachkommen (Olesch 2012, S. 68). Die derzeit populärsten Bewertungsportale sind in der Abb. 4.1 aufgelistet.

Die aktuell im Unternehmen tätigen sowie die ehemaligen Mitarbeiter zählen zu den glaubwürdigsten und somit wirkungsvollsten Trägern der Unternehmenskommunikation. Indem sie ihrem persönlichen Umfeld und sozialen Netzwerken von den Gegebenheiten im Unternehmen berichten, steigern sie den Bekanntheitsgrad und fördern die Reputation als guter Arbeitgeber bzw. diskreditieren das Ansehen, insofern die tatsächlichen Gegebenheiten im Betrieb nicht im Einklang mit der kommunizierten Arbeitgebermarke stehen.

4.2 Personalentwicklung

Personalentwicklung gewinnt durch die demographischen Veränderungen für Arbeitgeber zunehmend an Bedeutung, um als Unternehmen langfristig konkurrenz- und überlebensfähig zu bleiben. Auch von Arbeitnehmerseite rangiert die Bereitstellung von Weiterentwicklungsmaßnahmen hinsichtlich Arbeitgeberattraktivität auf den ersten Plätzen. Dies wird bereits im Einstellungsprozess deutlich, indem kaum ein Interview mehr ohne die Frage nach Qualifizierungsangeboten und Entwicklungsperspektiven verläuft (Kleiminger 2011, S. 136). Doch nehmen professionelle Personalentwicklungsmaßnahmen trotz gegenteilig lautender Beteuerungen in vielen Unternehmen einen immer geringeren Stellenwert ein. Großkonzerne streichen Bildungsbudgets, reduzieren die Anzahl neu einzustellender Mitarbeiter und KMUs stellen ihre Personalentwicklungsaktivitäten teilweise komplett ein, da die Mittel fehlen um Mitarbeiter und Führungskräfte auf dem Weg der Veränderung zu begleiten oder fachgerecht auf ihre neuen Aufgaben vorzubereiten. Für Unternehmen, die die nicht nachlassende Dynamik von Veränderungsprozessen auf dem Markt und demographische Entwicklungen erfolgreich meistern wollen, ist die strategische und zielgerichtete Personalentwicklung jedoch unverzichtbar (Flato und Reinhold-Scheible 2006, S. 7).

Grundsätzlich können unter Personalentwicklung alle Formen der Mitarbeiterqualifizierung verstanden werden (Aus-, Fort- und Weiterbildungen), die dann zum Tragen kommen, wenn Defizite zwischen der derzeitigen Qualifikation der Mitarbeiter und den gestellten Anforderungen an eine Arbeitsaufgabe bestehen (Schmolz, 2000 S. 505). Dabei sollte Personalentwicklung nicht isoliert betrachtet werden, sondern an der Strategie und den Visionen sowie Werten des Unternehmens ausgerichtet sein (Flato und Reinhold-Scheible 2006, S. 14). Zu den Hauptzielen der Personalentwicklung zählen die Vermittlung von für die Arbeitsaufgabe relevanten Fähigkeiten, Fertigkeiten und Kompetenzen, die Gewährleistung des optimalen Personaleinsatzes sowie die intensive Bindung der Mitarbeiter an das Unternehmen (Mentzel 2005, 10 ff.).

Organisationen, die verstärkt Wert auf die Personalentwicklung der Mitarbeiter legen, sind attraktivere Arbeitgeber für potenzielle Bewerber und für die eigenen Arbeitnehmer Anlass, für das Unternehmen tätig zu bleiben. Wird der Stellenwert der Personalentwicklung im Unternehmensprofil herausgestellt, kann sich dies als Vorteil gegenüber Mitbewerbern positiv auswirken (Gaier 2005, S. 3).

4.3 Personalbindung

Ist es dem Unternehmen gelungen, qualifizierte Bewerber für sich zu gewinnen und entsprechend den Erfordernissen der spezifischen Arbeitsaufgabe zu qualifizieren, so ist es nun von entscheidender Bedeutung diese wertvollen Mitarbeiter an das Unternehmen zu binden. Vor allem hinsichtlich der Generation Y kann ein Unternehmen mit der richtigen Strategie zur Mitarbeiterbindung die Grundlage für den zukünftigen wirtschaftlichen Erfolg schaffen (Thoma 2011, S. 163).

Mit der Bindung und dem Engagement der Mitarbeiter sind harte ökonomische Fakten verbunden, welche am einfachsten anhand der Fluktuation zu verdeutlichen sind. So sollten sich Unternehmen vergegenwärtigen, welche Kosten für sie im Zusammenhang mit der Fluktuation verbunden sind und sich die Frage stellen, wie viel sie dementsprechend bereit sind zu investieren, um die Fluktuation zu steuern. Kosten und Aufwendungen die entstehen können, sind bspw. Kosten für sinkende Motivation des Mitarbeiters, sobald er innerlich gekündigt hat, Kosten für Rekrutierungsmaßnahmen, um die Stelle nachzubesetzen, Kosten für die vorliegende Vakanz, also der Übergangszeit zwischen ausgeschiedenem und neuem Mitarbeiter sowie Kosten für die Einarbeitung des neuen Mitarbeiters etc. (Thoma 2011, S. 165 ff.).

Es ist anzunehmen, dass der Wertbeitrag guten Personalmanagements häufig einer der am meisten unterschätzen Treiber wirtschaftlichen Erfolgs darstellt. So gilt es sich vor Augen zu führen, wie viel Neugeschäft akquiriert werden muss, um eine Million Euro zusätzlichen Profit zu erreichen und hingegen der gleiche Effekt erzielt werden könnte, indem zehn hochqualifizierte und motivierte Mitarbeiter davon abgehalten werden, das Unternehmen zu verlassen (Thoma 2011, S. 169). Personalbindung ist dabei nicht als einmalige Aktivität anzusehen, sondern als eine weitreichende Daueraufgabe, mit deren Hilfe versucht werden soll, die in einem mühevollen, zeit- und kostenaufwendigen Prozess gewonnenen Mitarbeiter nicht wieder zu verlieren (Bröckermann und Pepels, 2004 S. 19). Hierzu zählen u. a. die einfühlsame Personalauswahl und -einarbeitung sowie weitere zielgerichtete Personaleinsatzmaßnahmen, die Personalbeurteilung, das Entgelt, die Personalführung, der Personalservice und letztendlich die Personalentwicklung. Dieses Begriffsverständnis birgt jedoch das Risiko der Aufhebung einer sauberen Unterscheidung zwischen Personalmanagement als komplexer Funktion und der Personalbindung (Thoma 2011, S. 169).

Es wird ersichtlich, dass die häufig proklamierte Konzentration auf die Bildung einer attraktiven Arbeitgebermarke nicht ausreichend ist, um sich als Arbeitgeber der Wahl zu positionieren, sondern die faktische Qualität von Personalprodukten und damit der Arbeitgeberqualität letztendlich den Ausschlag gibt. Erfolgreiche Personalarbeit zur Arbeitgeberattraktivitätssteigerung deckt die gesamte Wertschöpfungskette von der „Positionierung" über die „Gewinnung" bis zur „Bindung" ab. Die andernfalls entstehende Diskrepanz zwischen kommuniziertem Arbeitgeberversprechen und tatsächlicher Leistungserfüllung führt sonst zu enttäuschten Erwartungen, die das Arbeitgeberimage dauerhaft beeinträchtigen können. Im entfachten Wettbewerb um „High Potentials" muss das Ziel der „Arbeitgeber erster Wahl" zu werden elementarer Bestandteil der Unternehmensstrategie sein. Dies bedeutet für das Personalmanagement zum einen, sich als „Hüter der Arbeitgebermarke" und zum anderen als „Talent Manager" (Gelbert und Inglsperger 2008, S. 19) zu positionieren.

4.4 Einflussfaktoren auf die Arbeitgeberattraktivität

Konzepte attraktiver Arbeitgeber haben in Deutschland lange Tradition. Bereits Firmengründer wie Robert Bosch oder die Familie Krupp boten ihren Arbeitern umfassende Sozialleistungen wie z. B. Weihnachtsgratifikationen oder sorgten sich um die Errichtung von Krankenanstalten in ihren Arbeitersiedlungen. Auch wenn diese Maßnahmen nicht alleine aus altruistischen Gründen getroffen wurden, sondern ebenfalls um das Ziel zu verfolgen die Arbeiter an die Unternehmen zu binden und sie weniger empfänglich für die Gedanken von Gewerkschaften zu machen, so wurden vertrauensvolle Beziehungen zu den Mitarbeitern dennoch schon damals als wünschenswert angesehen (Schulte et al. 2009, S. 18). Dies belegt die Aussage Robert Boschs im Jahr 1921: „Lieber Geld verlieren als Vertrauen".

Wie damals, wird auch heute nicht in erster Linie aus uneigennützigen Gründen, sondern aus betriebswirtschaftlicher Motivation heraus versucht, die Arbeitgeberattraktivität einer Organisation bzw. eines Unternehmens zu erhöhen. Moderne Ansätze der Arbeitgeberattraktivität stehen vor der Herausforderung, ob sich aus der Umsetzung der entsprechenden Maßnahmen ein wirtschaftlicher Vorteil ergibt (Schulte et al. 2009, S. 20). So konnte bspw. durch Untersuchungen im Zusammenhang mit dem „Great Place to Work ® Modell ©" nachgewiesen werden, dass der Unternehmenserfolg und eine positive Arbeitsplatzkultur stark korrelieren. Auch der Aktienkurs von Unternehmen mit besonders angenehmer Arbeitsplatzkultur entwickelte sich deutlich positiver als der von Vergleichsunternehmen (Schulte et al. 2009, S. 20). Wenn also festgestellt werden kann, dass sich Maßnahmen zur Steigerung der Arbeitgeberattraktivität positiv auf den Unternehmenserfolg auswirken, so stellt sich die Frage, welche Faktoren es konkret zu beeinflussen gilt, um positive Effekte zu verzeichnen.

Am Anfang der Überlegungen steht die Erkenntnis, dass ein Arbeitgeber dann als attraktiv wahrgenommen wird, wenn die Bewerber davon ausgehen können, dass sie als Mitarbeiter dieses Unternehmens ihre berufsbezogenen Bedürfnisse erfüllen

Existenzbedürfnisse	Soziale Bedürfnisse	Wachstumsbedürfnisse
• Entlohnung & Sozialversicherung • Prosperierende Unternehmenssituation • Arbeitsplatzsicherheit • Gesunde Arbeitsbedingungen & Schutz vor Gefahren • Familienfreundlichkeit • Arbeitsplatz in Wohnortnähe • Seltene berufsbedingte Umzüge • Geregelte Arbeitszeiten • Work-Life-Balance (wenig Überstunden/ Wochenendarbeit) • Transparente, objektive und situationsgerechte Information, die möglichst Ängste abbaut oder gar nicht erst zulässt	• Vorbildliche Vorgesetzte • Unternehmenskultur • Diversity • Kollegialität und Teamwork • Kommunikation • Networking • Positives Unternehmensimage • Liberales Arbeitsumfeld • Fairness • Anerkennung und Wertschätzung	• Herausfordernde Arbeitsaufgabe • Entscheidungsfreiheit • Entfaltungs- und Entwicklungsmöglichkeiten • Teilnahme an Weiterbildungen • Zugang zu Lernmöglichkeiten • Schnelle Aufstiegs- und Karrieremöglichkeiten • Verantwortungsübernahme • Sinnstiftung der Arbeit und Identifikation mit den Zielen des Arbeitgebers

Abb. 4.2. Einteilung der Attraktivitätsfaktoren aus Sicht der Generation Y. (Quelle: Eigene Darstellung als Synopse aus Schleiter und Armutat 2004; Parment 2009; Espinoza et al. 2010)

können (Knecht und Pifko 2010, S. 105 ff.), welche bspw. unter anderem attraktive Vergütung, Vereinbarkeit von Beruf und Familie sowie Möglichkeiten zur individuellen Weiterentwicklung sein könnten. Entgegengesetzt kann angenommen werden, dass ein Arbeitgeber als unattraktiv gilt, wenn Bewerber vermuten, ihre berufsbezogenen Bedürfnisse nicht befriedigen zu können (Knecht und Pifko 2010, S. 105 ff.).

In Abb. 4.2 soll ein Überblick der Arbeitgeberattraktivitätsfaktoren aus Sicht der Generation Y gegeben werden, eingeteilt nach Existenzbedürfnissen, sozialen Bedürfnissen und Wachstumsbedürfnissen.

Auch wenn den „weichen Faktoren" für die Wahl des Arbeitgebers häufig ein übergeordneter Einfluss unterstellt wird, so spielen strukturelle Eigenschaften eines Unternehmens hinsichtlich der Entscheidung für einen potenziellen Arbeitgeber gleichwohl eine entscheidende Rolle. Faktoren wie die Unternehmensgröße, die wirtschaftliche Situation des Unternehmens oder auch die Branchenzugehörigkeit beeinflussen die potenziellen Arbeitnehmer in ihrem Entscheidungsverhalten. Trotz der vielumschriebenen Globalisierung und Flexibilität ist der Standort eines Unternehmens oder die eventuelle Notwendigkeit eines Umzuges nach wie vor eine treibende Kraft bei der Arbeitgeberwahl (Schleiter und Armutat 2004). Auch der Vergütung wird ein wesentlicher Einfluss beigemessen. Eine im Jahr 2010 durchgeführte Studie des Robert Half Instituts befragte 2400 Teilnehmer nach den wichtigsten Faktoren bei der Suche nach einem neuen Job. Die Teilnehmer nannten Gehalt und Zusatzleistungen dabei an zweithöchster Stelle.

Ein hohes Gehalt kann jedoch nicht als „Schmerzensgeld" für Führungsversäumnisse hinsichtlich der Generation Y erachtet werden (Bund et al. 2013). Eine positive Unternehmenskultur und transparente Unternehmenskommunikation sind wesentliche Einflussfaktoren bei der Wahl eines Arbeitgebers für die Millenials, ebenso wie der Vorgesetzte. „People don't leave companies, they leave bosses" (Weinstein 2010). Folglich spielt die Qualität und die Persönlichkeit des direkten Vorgesetzten eine oftmals stark unterschätzte Rolle bei der Bewertung der Arbeitgeberattraktivität (Singh et al. 2012, S. 24). Aufrichtiges sowie ethisch korrektes Handeln, dem Interesse der Vorgesetzten an den Mitarbeitern als Person, Unterstützung sowie die Einbindung in Entscheidungsprozesse als auch aufrichtige Wertschätzung und Lob wird dabei besondere Bedeutung zugemessen.

Von hoher Wichtigkeit ist ebenfalls die Balance zwischen Arbeit und Privatleben (Espinoza 2010, S. 55). Dies beinhaltet zum einen die abnehmende Bereitschaft zu Überstunden, Wochenendarbeit oder Dienstreisen, zum anderen aber auch die Forderung nach flexiblerer Gestaltung der Arbeitszeiten und des Arbeitsorts. Diese Auflockerung der Grenzen bedeutet bspw. dass auch in der Freizeit gearbeitet wird und wichtige Vorbereitungen auch während des Feierabends von zu Hause getroffen werden, andererseits jedoch auch, dass Freizeitaktivitäten in die Arbeit getragen werden (Parment 2009, S. 96).

Bisher schaffen es nur wenige Organisationen, die Bedürfnisse und Wünsche der Berufsanfänger mit den internen Abläufen und Erfordernissen in Einklang zu bringen. Um der Abwanderung entgegenzuwirken, sollten vor allem Arbeitsaufgabe und Arbeitsumfeld entsprechend den Anforderungen der Generation Y gestaltet werden und herausfordernde sowie häufig wechselnde Tätigkeiten beinhalten. Millenials möchten lernen und gefordert werden, selbstbestimmt planen und entscheiden können sowie Verantwortung sowohl für sich selbst als auch für andere übernehmen. Weiterhin ist es von Bedeutung den Zusammenhang zwischen der eigenen Bestimmung und den Unternehmenszielen zu verstehen (Tulgan 2009, S. 13).

Weiterbildungen, Entfaltungs- und Entwicklungsmöglichkeiten nehmen in diesem Sinne eine wichtige Rolle für die Generation Y ein und sie sind nicht bereit, lange auf diese Angebote zu warten. Unterforderung und die Ausführung von Tätigkeiten, in denen sie keinen Sinn sehen, führen schnell zu Demotivation, Unzufriedenheit und Abwanderung. So fordert die Generation Y weitaus häufiger und regelmäßiger Rückmeldung von ihren Vorgesetzten als ihre Vorgängergenerationen (DGFP e. V. 2011, S. 16). So postuliert auch Tulgan: „If you want high performance out of this generation, you better commit to high-maintenance management" (Tulgan 2009, S. 17).

Personalwirtschaftliche Handlungsfelder zur Erhöhung der Arbeitgeberattraktivität aus Sicht der Generation Y

5

Den bisherigen theoretischen Ausführungen zufolge betritt mit der Generation Y eine neue Arbeitnehmergeneration das Berufsleben, der unterstellt wird, sich erkennbar von den vorhergehenden Generationen zu unterscheiden und gänzlich neue Werte und Bedürfnisse zu leben. Obwohl sich Studien zufolge ein Großteil der Unternehmen über diese unterstellte Relevanz der veränderten Einstellungen der Generation Y bewusst ist, erfolgt eine durchgängige Berücksichtigung derselben bei der Ausgestaltung von personalwirtschaftlichen Instrumenten und Strukturen noch nicht.

Lösungsansätze beschränken sich meist auf Empfehlungen hinsichtlich der generationsspezifischen technologischen Ausgestaltung von Arbeitsplätzen, der Ausrichtung des Werbeauftritts von Unternehmen oder des Employer Brandings, da angenommen wird, auf diese Weise die gewünschten Fachkräfte für das Unternehmen gewinnen zu können.

Es wird jedoch angenommen, dass derartige instrumentell ausgerichtete Handlungsempfehlungen, die sich auf die veränderten Kommunikationsmuster der Millenials konzentrieren nicht ausreichen (Klaffke und Parment 2011, S. 15). „Um die Potenziale der Generation Y für das Unternehmen umfänglich nutzbar zu machen, ist vielmehr ein breit gefächerter Ansatz erforderlich, der entsprechend der Wertschöpfungskette im Personalmanagement sowohl die Gewinnung [...], die Entwicklung [...] als auch die Bindung [...] von Millenials umfasst" (Klaffke und Parment 2011, S. 15).

In den folgenden Abschnitten sollen daher geeignete Maßnahmen vorgeschlagen werden, die diesen Denkansatz explizit berücksichtigen, um somit Engpass-,

© Springer Fachmedien Wiesbaden 2014
J. Ruthus, *Arbeitgeberattraktivität aus Sicht der Generation Y,* essentials,
DOI 10.1007/978-3-658-07918-5_5

Motivations- und Austrittsrisiken beizeiten entgegenwirken zu können und sich langfristig gegenüber der Konkurrenz durchzusetzen.

5.1   Mitarbeitergewinnung und Employer Branding

Es zeigte sich, dass die meist genutzten Kanäle zur Informationsbeschaffung hinsichtlich eines potenziellen Arbeitgebers der Generation Y das Internet, die Homepage des Unternehmens, Stellenanzeigen in den Medien sowie die persönliche Empfehlung und Erfahrungsberichte Bekannter, Freunde und ehemaliger Kollegen sind. Auf die Frage, wie die Probanden auf ihren bisherigen Arbeitgeber aufmerksam wurden, zeigte sich ein ähnliches Bild.

Gemäß diesen Ausführungen bestätigt sich, wie wichtig eine qualitativ hochwertige Internetpräsenz des Unternehmens als erster Kontaktpunkt für Interessierte aller Generationen ist. Je authentischer die Unternehmenskultur und das Arbeitgeberversprechen bereits auf der Website kommuniziert werden, desto stärker ist ebenfalls der Einfluss auf die zahlreichen informellen Informationskanäle. Die Kommunikation auf Karriere-Websites sollte dabei von potenziellen Bewerbern nicht lediglich als Werbetext, sondern als substanzielle Information wahrgenommen werden, die eindeutig einem spezifischen Arbeitgeber zuzuordnen ist. Bei der Gestaltung von Websites sollte auf die Darbietung tatsächlicher Fakten mit „Ecken und Kanten" sowie auf authentische Mitarbeiter Wert gelegt und von gestellten, mit Models besetzten Fotos und Reportagen Abstand genommen werden. Die Aufrichtigkeit gegenüber potenziellen Bewerbern beginnt bereits hier. „Übertriebene oder gar falsche Darstellungen hebeln die Bildung einer attraktiven Arbeitgebermarke aus und führen letzten Endes dazu, dass Kandidaten schnell wieder abwandern, wenn der Unternehmensalltag anders erlebt wird" (DGFP e. V. 2011, S. 26).

Analog verhält es sich mit der Erstellung unternehmerischer Berichterstattung über Social Media Plattformen, wie Facebook etc. Der Aufwand für die Erstellung eines solchen Kommunikationstools hält sich initial in Grenzen, wohingegen die wahre Herausforderung in der kontinuierlichen Pflege liegt. Auch hierbei ist auf eine authentische Informationsbereitstellung zu achten, da sämtliche Inhalte jederzeit von der gewünschten Zielgruppe auf ihren Wahrheitsgehalt überprüft werden können. „Die beste Marketingstrategie ist [...] wirkungslos, wenn die entsprechenden Produkte fehlen. Für das Arbeitgebermarketing in Bezug auf die Generation Y bedeutet dies, erst Angebotspakete zu schnüren, die für die jeweilige Zielgruppe attraktiv sind [...] und dann ausgiebig darüber zu berichten" (DGFP e. V. 2011, S. 27).

Stimmen die offerierten Personalprodukte mit den Anforderungen und Bedürfnissen der Millenials überein, so wird dies auch von derzeitigen und ehemaligen Mitarbeitern in Form von loyalen Fürsprechern für das Unternehmen weitergetragen. Die Untersuchung zeigte, dass der bedeutendste Informationskanal bezüglich eines potenziellen Arbeitgebers weiterhin Empfehlungen von Bekannten sind und gerade die Gruppe der High Potentials verstärkt durch direkte Erfahrungen mit dem Unternehmen (bspw. in Form von Praktika) auf ihren derzeitigen Arbeitsplatz aufmerksam wurden (Loewe und Severing 2009, S. 7).

Diese Ergebnisse bestätigen die Entwicklung weg von Sofortmaßnahmen und Ad-hoc-Stellenausschreibungen im Falle von vakanten Positionen hin zu langfristigen Beziehungen mit potenziellen Bewerbern. Unternehmen, denen es gelingt, Nachwuchskräfte im Rahmen von Talent-Relationship-Management-Programmen frühzeitig an das Unternehmen zu binden, können später aus einem Talente-Pool schöpfen. Gleiches gilt für aus dem Unternehmen ausscheidende Mitarbeiter: Sollten sich Talente aufgrund günstigerer Karriereaussichten zu einem gewissen Zeitpunkt für einen konkurrierenden Arbeitgeber entscheiden, bedeutet dies nicht, dass er nach friedlicher Trennung im Rahmen einer späteren Beschäftigung nicht erneut für das Unternehmen tätig werden kann.

In diesem Zusammenhang kann außerdem die Implementierung eines Mitarbeiter-Empfehlungs-Programmes von Vorteil sein. Teilweise werden die besten Mitarbeiter des Unternehmens sogar explizit von ihren Vorgesetzten danach befragt, ob sie im Bekanntenkreis über potenzielle Talente verfügen, die für das Unternehmen abgeworben werden können (Tulgan 2009; Trost 2012). „The logic behind formal or informal employee referrals programs is that winners hang out with winners" (Tulgan 2009, S. 22). Aufgrund der starken Fokussierung der Generation Y auf persönliche Beziehungen und einer ausgewogenen Work-Life-Balance ist die Beschäftigung eines „best friend at work" (Tulgan 2009, S. 22) weiterhin eine gute Möglichkeit, die Mitarbeiterzufriedenheit zu erhöhen. Die Millenials werden allerdings nur dazu bereit sein, Freunde für das Unternehmen zu werben, insofern sie mit den Konditionen und Gegebenheiten bei dem derzeitigen Arbeitgeber zufrieden sind. Sollten sie von der Rekrutierung im Bekanntenkreis Abstand nehmen, sind dies ernstzunehmende und besorgniserregende Informationen, denen im Unternehmen zwingend Beachtung geschenkt werden muss.

Auch wenn diese Maßnahmen teilweise zunächst Geld und Einsatz erfordern, so können sie später viel Aufwand im Rekrutierungsprozess sparen. Gerade die sehr geringen Zahlen der empirischen Untersuchung hinsichtlich Hochschulmarketingmaßnahmen oder Jobmessen zeigen an dieser Stelle, wie viel Potenzial noch in diesen Marketingaktivitäten steckt. Um im Wettbewerb um die besten Talente heutzutage bestehen zu können, ist es weiterhin wichtig, einen systematischen Rekrutierungsansatz zu verfolgen, der einen schnellen und unkomplizierten Bewerbungsprozess sicherstellt. Dauert es guten Kandidaten zu lange, bis sie auf ihre Bewerbung Rückmeldung, eine Einladung zum Interview oder ein Angebot erhalten, orientieren sie sich anderweitig und wechseln zum Wettbewerber (Tulgan

2009, S. 20). Hier können sich telefonische Interviews für ein erstes Kennenlernen aufgrund enger Zeitrahmen oder weiter Wege von Vorteil erweisen oder gar Interviews via Webcam (z. B. durch Skype) geführt werden. Dies ist für die Generation Y wiederum ein Indiz, dass das Unternehmen technologisch modernen Standards entspricht (DGFP e. V. 2011, S. 31).

5.2 Mitarbeiterentwicklung

Für den Bereich Aus- und Weiterbildung erscheint es von wachsender Bedeutung, das methodische Repertoire um Konzepte zu erweitern, die den Bedürfnissen der Millenials gerecht werden. Die Motivation zum Qualifikationserwerb der Generation Y erfolgt mittlerweile zunehmend aus Gründen der Statussicherung anstelle der eigentlichen Karriereförderung. Daher legen Bewerber bei der Auswahl eines potenziellen Arbeitgebers gesteigerten Wert darauf, dort auch Möglichkeiten zur Weiterentwicklung vorzufinden. Dieser Anspruch der Millenials wird indes so weit wachsen, dass Standardangebote zur Personalentwicklung zukünftig wenig überzeugen. Je wichtiger der Aspekt der Kompetenzentwicklung für die Entscheidung für oder gegen einen Arbeitgeber wird, desto mehr werden die Alleinstellungsmerkmale eines Personalentwicklungssystems in den Vordergrund rücken (Bünnagel 2010, S. 31). Diese Ausführungen, die wachsende Bedeutung von Entwicklungsmöglichkeiten für die Generation Y betreffend, entsprechen auch den Ergebnissen der durchgeführten Untersuchung. Es zeigte sich, dass Entwicklungsmöglichkeiten zwar für alle Generationen von hohem Stellenwert sind, für die Generation Y jedoch von größter Relevanz. Des Weiteren konnte festgestellt werden, dass die Wichtigkeit persönlicher Entwicklungsmöglichkeiten und Karriereaussichten für die Millenials mit zunehmender Unternehmensgröße sogar weiter ansteigt, was mit steigenden Erwartungen und Ansprüchen an Großunternehmen verbunden sein könnte.

Millenials äußern einen großen Wunsch nach Kontext und Kontrolle, Struktur und Grenzen, Anleitung und Führung sowie stetigem Feedback und erwarten Klarheit über gemeinsam zu erreichende Ziele. Zu diesem Zweck bietet sich ein durchgängiges Performance Management System an, mit dessen Hilfe individuelle Ziele aus den Unternehmenszielen abgeleitet werden und relativ schnell transparente Entwicklungspläne für Mitarbeiter entwickelt werden können. Da die Generation Y besonderen Wert auf persönliche Weiterentwicklung und Karriereaussichten legt, sind neue Konzepte zur Laufbahn- und Karrieregestaltung erforderlich, wie bspw. Experten- und Projektmodelle, die gleichberechtigt neben traditionelle Führungslaufbahnen treten. Ebenfalls zweckmäßig erscheint die horizontale Rotation auf gleicher Hierarchie-Ebene, ggf. auch in Form von internationalen Arbeitseinsätzen, um Millenials einen ihren Wünschen entsprechenden vielseitigen Erfahrungsaustausch zu ermöglichen (Klaffke und Parment 2011, S. 17).

Um Young Professionals optimal zu entwickeln und an das Unternehmen zu binden, bieten sich neben Führungskräften, Personalbetreuern und Teamkollegen als wichtige Ansprechpartner auch Career Counselling- oder Mentoring-Programme an. So kann ein unternehmensinterner Karriereberater alle Fragen bezüglich Entwicklungs- und Laufbahnplanung beantworten und ein erfahrener Mentor oder Coach das persönliche Weiterkommen im Unternehmen durch Tipps, Hinweise oder Kontakte formeller oder informeller Art unterstützen. Hierbei sollte weiterhin darauf geachtet werden, dass Mentor und Mentee aus anderen Unternehmensbereichen kommen, um zusätzlich neue Sichtweisen und Einblicke gewinnen zu können. Vor diesem Hintergrund gilt es den Führungskräften ihre Verantwortung für die Förderung ihrer Mitarbeiter zu verdeutlichen. Nur wenn der Aspekt der Mitarbeiterförderung ebenfalls im Performance Management der Führungskräfte berücksichtigt wird, wird die diesbezügliche Verantwortung von allen Beteiligten dementsprechend ernst genommen, d. h. die Managementleistung muss u. a. auch am Aus- und Aufbau der Mitarbeiterqualifikationen gemessen, beurteilt und belohnt werden. Hierzu zählt ebenfalls das Erfordernis, rechtzeitig Nachfolger für die eigene und weitere Schlüsselpositionen im Team zu entwickeln. Dies dient zudem als Motivations- und Bindungsfaktor für die Generation Y, indem sie erkennt, Bestandteil der unternehmensinternen Nachfolgeplanung zu sein (DGFP e. V. 2011, S. 34 f.).

Einen anregenden Rahmen können des Weiteren auch „Company-Universities" und Mitarbeiter-Akademien geben, deren Angebotspalette unverkennbar am zukünftigen Kompetenzbedarf des Unternehmens ausgerichtet sein sollte und die Mitarbeiter darin unterstützt, lebenslang zu lernen sowie die eigene Beschäftigungsfähigkeit (die sog. „Employability") auszubauen. Diese Aspekte treffen in besonderem Maße auch für die internen Trainer, Tutoren und Dozenten zu, indem die Weitergabe von Wissen eine herausragende Möglichkeit darstellt, sich selbst zu entwickeln und die eigenen Kenntnisse „up-to-date" zu halten. In diesem Zusammenhang sollte ein „Blended-Learning-Ansatz" verfolgt werden, der eine interessante Angebotsvielfalt in Form verschiedener Lernmöglichkeiten und -methoden bietet. Dies könnte bspw. in Form von E-Learning unterstützt werden, um ein zeit- und ortsunabhängiges Lernen zu ermöglichen und gleichzeitig dem Wunsch der Generation Y nach dem Einsatz neuester Technologien gerecht zu werden (DGFP e. V. 2011, S. 36). Der Rückgriff auf moderne, webbasierte Technologien könnte weiterhin zur Zusammenarbeit in realen, virtuellen und abteilungsübergreifenden Teams und Projekten verhelfen, die die Gelegenheit zur Kollaboration und Vernetzung innerhalb des Unternehmens fördern – eventuell sogar über Landesgrenzen hinaus (Klaffke und Parment 2011, S. 17).

5.3 Mitarbeiterbindung

In einer Welt voller Möglichkeiten ist es nicht einfach, erfolgreiche Talente auf Dauer an ein Unternehmen zu binden. Gemäß einer Studie des Instituts für Arbeitsmarkt- und Berufsforschung (IAB) ist die durchschnittliche Beschäftigungsdauer der jungen Arbeitnehmer in den letzten zwei Jahrzehnten von 814 Tagen auf 536 Tage gesunken, was in etwa lediglich noch 18 Monaten entspricht (Bund et al. 2013). Ein Personalchef äußerte in Bezug auf die Millenials „Solange die Ansprüche [der Generation Y] erfüllt werden, sind die neuen Arbeitnehmer 150-prozentig loyal. Genügt der Arbeitgeber ihren Anforderungen nicht mehr, gehen sie ohne Schmerz" (Bund et al. 2013). Loyalität gegenüber dem Arbeitgeber bedeutet für die Generation Y „Just-in-time"-Loyalität: „You can turn them into long-term employees. You'll just have to do it one day at a time" (Tulgan 2009, S. 15).

Die Personalbindung der Generation Y beginnt bereits am ersten Arbeitstag mit der Gestaltung des Einstiegs und der ersten Orientierung, denn hierbei zeigt sich sehr deutlich, wie mit Mitarbeitern im Unternehmen umgegangen wird. Nicht verfügbare Vorgesetzte, nachlässig ausgestattete Arbeitsplätze sowie nicht informierte Kollegen mindern die Freude auf die neue Herausforderung maßgeblich. Um diesem Szenario vorzubeugen, bieten sich Ablaufpläne zur Integration und Einarbeitung neuer Mitarbeiter an, die den neuen Kollegen ferner verhelfen, schneller im Unternehmen Fuß zu fassen. Hierzu zählen auch Einführungsveranstaltungen, die je nach Unternehmensgröße und -komplexität von wenigen Stunden über mehrere Wochen dauern können. Da Neueintritte zu allen möglichen Zeitpunkten im Unternehmen erfolgen, ist es gewiss kein gangbarer Weg Orientierungsveranstaltungen im wöchentlichen Rhythmus anzubieten, jedoch sollten die neuen Mitarbeiter nicht aufgrund monatelanger Wartezeit gezwungen werden, sich erforderliches Wissen mühsam selbst anzueignen (DGFP e. V. 2011, S. 32). „Die Probezeit beruht auf Gegenseitigkeit: Nicht nur der Mitarbeiter, sondern auch das Unternehmen steht auf dem Prüfstand" (DGFP e. V. 2011, S. 32).

Für Millenials sind im Gegensatz zu anderen Generationen vor allem die Faktoren Familienfreundlichkeit, Standort sowie Karriereaussichten von besonderer Bedeutung. Einen diesbezüglichen Ansatzpunkt kann bspw. die innerbetriebliche Kinderbetreuung darstellen. Da viele Young Professionals und Berufsanfänger einen Kinderwunsch hegen oder bereits kleine Kinder haben, können sich Unternehmen, die sich explizit um Kinderbetreuung sorgen, positiv gegenüber der Konkurrenz abgrenzen. Außerdem erregen Maßnahmen dieser Art öffentliche Aufmerksamkeit und fungieren sozusagen gleichzeitig als PR-Aktion. Weiterhin ist es für Arbeitgeber wichtig, die internen Karrieremöglichkeiten zu betonen. Angehörige der Generation Y befürchten häufig „bei einem Arbeitgeber hängen zu bleiben" (Parment 2009, S. 111).

Hintergrund dieser Sorge und gleichzeitig Auslöser für die zahlreichen Jobwechsel der Millenials ist der Wunsch, breite Erfahrungen aus verschiedenen Branchen und Kontexten zu erwerben sowie weiterhin Zusammenhänge, Länder und Kulturen aus Gründen der Selbstverwirklichung kennenzulernen. Wenn das Unternehmen diesen Bestrebungen aufgrund der Unternehmensgröße und der zur Verfügung stehenden Standorte entsprechen kann, erhöht sich die Chance, dass Mitarbeiter der Generation Y gerne auch langfristig für eine Organisation arbeiten. Multinationale Unternehmen sind diesbezüglich im Vorteil, da sie naturgemäß häufiger die Option zur Arbeit im Ausland bieten und Abwechslung in Form von verschiedenartigen Aufgaben ermöglichen können (Parment 2009, S. 112). Hinlängliche Voraussetzung hierfür ist allerdings ein organisationsübergreifendes internes Mitarbeiter-Transfersystem, welches weltweite Vakanzen des Unternehmens aufzeigt und das erforderliche Qualifikations- und Leistungsniveau der potenziellen Kandidaten transparent macht sowie die beschriebenen Erfordernisse der Mitarbeiterentwicklung berücksichtigt. Ein derartiges System trägt auch dem von der Generation Y als wichtig erachteten Faktor „Standort" Rechnung.

Um dauerhaft als begehrter Arbeitgeber gelten zu können, ist es essentiell das Angebot der Wettbewerber auf dem Markt gut zu kennen sowie immer wieder selbstkritisch zu hinterfragen, wie es um die Attraktivität des eigenen Unternehmens als auch um die Stärken und Defizite bestellt ist. So sollten Unternehmen um die Etablierung eines kontinuierlichen Feedback-Systems bemüht sein, welches nicht nur auf Basis traditionsgemäß jährlich geführter Mitarbeitergespräche Rückmeldung bietet, sondern einen regelmäßigen Informationsaustausch gewährleistet. Die innere Qualität eines Unternehmens zählt dauerhaft. Hierbei sollte dem Gedanken Rechnung getragen werden, dass mit der Einstellung eines Mitarbeiter für das Unternehmen eine langfristige Beziehung beginnt, die nicht zwingenderweise abbrechen muss, wenn die betreffende Person die Arbeit beendet oder zu einem Konkurrenten wechselt. Ausscheidende Mitarbeiter werden Alumni, die wünschenswerterweise nach einigen Jahren mit neuen Erfahrungen und weiteren Qualifikationen in das Unternehmen zurückkehren und erneut einen positiven Wertbeitrag leisten (Parment 2009, S. 108).

Fazit 6

Abschließend kann zusammengefasst werden, dass es für die meisten Arbeitgeber vermutlich kein gangbarer Weg ist, ein Unternehmen einzig und alleine auf die Anforderungen und Bedürfnisse einer neuen Generation abzustimmen. Jedoch kann es von Vorteil sein, einzelne Perspektiven der Unternehmenskultur und des Wertesystems zu hinterfragen und darauf zu untersuchen, ob sie in ihrem Inhalt noch zeitgemäß sind. Unter Umständen kommen viele Veränderungen und Adaptionen allen im Unternehmen beschäftigten Generationen zu Gute (DGFP e. V. 2011, S. 25).

Ziel des vorliegenden Beitrags war es, Arbeitgeberattraktivität aus Sicht der Generation Y darzustellen. Tatsächlich ist anzunehmen, dass das Erleben gemeinsamer politischer, sozialer und wirtschaftlicher Ereignisse im bisherigen Lebensverlauf der Generation Y sich als nachhaltig prägend für gemeinsame Präferenzen und Bedürfnisse hinsichtlich eines Arbeitgebers auswirkt und auf diese Weise gemeinsame Arbeitgeberattraktivitätsfaktoren bedingt. Es darf dabei allerdings nicht außer Acht gelassen werden, dass auch die Millenials immer zuerst als Individuum und nicht als Angehörige einer bestimmten Generation betrachtet werden sollten und es zahlreiche weitere soziodemographische Faktoren gibt, die das Denken und Handeln von Menschen beeinflussen.

Werden die Attraktivitätsfaktoren und berufsbezogenen Bedürfnisse, die sich für die Millenials als bedeutungsvoll erwiesen zusammengefasst, ergibt sich folgender „Wunschzettel":

© Springer Fachmedien Wiesbaden 2014
J. Ruthus, *Arbeitgeberattraktivität aus Sicht der Generation Y*, essentials,
DOI 10.1007/978-3-658-07918-5_6

- Offene, angenehme und vertrauenswürdige Unternehmenskultur
- Interessante und herausfordernde Arbeitsaufgaben
- Sinnstiftung durch die Vereinbarkeit der eigenen Wertvorstellungen sowie persönliche Identifikation mit der beruflichen Tätigkeit
- Unterstützender und motivierender Vorgesetzter
- Angemessene Leistungen des Arbeitgebers (z. B. Vergütung, Sozial- und Zusatzleistungen)
- Transparente Arbeitsorganisation durch eindeutige Verantwortlichkeiten, Richtlinien und Regelwerke
- Fortschrittlicher Einsatz von Informationstechnologien (und entsprechende Arbeitsplatzausgestaltung)
- Gute Karriereaussichten innerhalb des Unternehmens
- Attraktiver Standort
- Flexibilität hinsichtlich der Arbeitszeitmodelle und der Abgrenzung von Arbeit und Privatleben
- Umfassende Entwicklungsmöglichkeiten
- Physisch und psychisch gesunde Arbeitsbedingungen
- Positives Unternehmensimage durch gesellschaftliches Engagement und ökologisch vertretbares Handeln
- Familienfreundlichkeit des Arbeitgebers durch die Ermöglichung von Elternzeit und Kinderbetreuung

Es konnte festgestellt werden, dass die beschriebenen Attraktivitätsfaktoren nicht nur für die Millenials Bestand haben, sondern gleichwohl für alle Generationen gelten – wenn auch in unterschiedlichem Maße.

Allerdings führen die beschriebenen Entwicklungen auf dem Arbeitsmarkt und die damit verbundene Macht und Durchsetzungsfähigkeit der mangelnden hochqualifizierten Fachkräfte der Generation Y dazu, dass diesen Faktoren deutlich mehr Relevanz zugemessen wird als in der Vergangenheit. Viele längst bekannte Anforderungen und Bedürfnisse an einen attraktiven Arbeitgeber werden von den Millenials nachdrücklicher eingefordert, als von vorhergehenden Generationen. So gilt es genau zu eruieren, was spezifisch für die Generation Y und was allen ein Bedürfnis ist. Nur so kann ein ausgewogenes und gerechtes Personalmanagement entstehen, welches das Fundament dafür legt, dass die richtigen Mitarbeiter sich für das Unternehmen entscheiden und bleiben.

Was Sie diesem Essential entnehmen können

- Ein verbessertes Verständnis der Werteorientierung der Generation Y
- Die ausschlaggebenden Kriterien für Arbeitgeberattraktivität aus Sicht der Generation Y
- Umsetzungsempfehlungen zur Steigerung der Arbeitgeberattraktivität aus Sicht der Generation Y
- Konkrete Maßnahmen für die Bereiche Mitarbeitergewinnung, Mitarbeiterentwicklung und Mitarbeiterbindung

© Springer Fachmedien Wiesbaden 2014
J. Ruthus, *Arbeitgeberattraktivität aus Sicht der Generation Y*, essentials,
DOI 10.1007/978-3-658-07918-5

Quellenverzeichnis

Alsop, R. (2008). *The trophy kids grow. How the millennial generation is shaking up the workplace*. San Francisco: Jossey-Bass.

Arnold, H. (2012). *Personal gewinnen mit Social Media. Die besten Strategien und Instrumente für Ihr Bewerbermarketing im Web 2.0*. Planegg: Haufe.

Bechmann, S., Dahms, V., Tschersich, N., Frei, M., Leber, U., & Schwengler, B. (2012). Fachkräfte und unbesetzte Stellen in einer alternden Gesellschaft. In Institut für Arbeitsmarkt- und Berufsforschung (Hrsg.), *IAB-Forschungsbericht* 13/2012. http://doku.iab.de/forschungsbericht/2012/fb1312.pdf. Zugegriffen: 15. Apr. 2013.

Beck, C, Hülser, R., Wiersbinski, W., & Adam, M. (2010). Detektive bei der Sucharbeit. *Personalwirtschaft*, Sonderheft 2010 (12) , 8–13.

Böcker, M. (2004). High Potentials. Lob der Mittelmäßigkeit. Manager Magazin. http://www.manager-magazin.de/unternehmen/karriere/0,2828,311553,00.html. Zugegriffen: 14. Apr. 2013.

Bollwitt, B. (2010). *Herausforderung demographischer Wandel*. Hamburg: VS Verlag für Sozialwissenschaften.

Bortz, J., & Döring, N. (2006). *Forschungsmethoden und Evaluation. Für Human und Sozialwissenschaftler*. Heidelberg: Springer.

Bröckermann, R., & Pepels, W. (2004). *Personalbindung. Wettbewerbsvorteile durch strategisches Personalmanagement*. Berlin: Erich Schmidt.

Buchhorn, E., & Werle, K. (2011). Generation Y: Gewinner des Arbeitsmarktes. http://www.spiegel.de/karriere/berufsstart/generation-y-die-gewinner-des-arbeitsmarkts-a-766883.html. Zugegriffen: 13. Apr. 2013.

Bullinger, H., & Buck, H. (2007). Demografie betrifft alle. Handlungsoptionen für älter werdende Unternehmen. In G. Happe (Hrsg.), *Demografischer Wandel in der unternehmerischen Praxis. Mit Best-Practice-Berichten*. Wiesbaden: Gabler.

Bund, K., Heuser, U. J., & Kuntze, A. (2013). Wollen die auch arbeiten? http://www.zeit.de/2013/11/Generation-Y-Arbeitswelt. Zugegriffen: 27. Apr. 2013.

Bünnagel, W. (2010). Personalentwicklung als Marke. *Personalmagazin, 8*(10) , 31–33.

Coupland, D. (1992). *Generation X. Tales for an accelerated future*. New York: Little, Brown Book Group.

Deutsche Gesellschaft für Personalführung e. V. (Hrsg.). (2011). *Zwischen Anspruch und Wirklichkeit: Generation Y finden, fördern und binden*. Düsseldorf: o.V.

© Springer Fachmedien Wiesbaden 2014
J. Ruthus, *Arbeitgeberattraktivität aus Sicht der Generation Y*, essentials,
DOI 10.1007/978-3-658-07918-5

Dostert, E. (2010a). Die Verlierer sind selbst schuld. http://www.sueddeutsche.de/karriere/studie-zur-jugendkultur-generation-biedermeier-1.998533-2. Zugegriffen: 13. Apr. 2013.

Dostert, E. (2010b). Generation Biedermeier. http://www.sueddeutsche.de/karriere/studie-zur-jugendkultur-generation-biedermeier-1.998533. Zugegriffen: 12. Apr. 2013.

Enderle, K. (2008). Frech, frei, fordernd. *Personalmagazin*, Nr. 12/08.

Enderle, K., & Furkel, D. (2008). Crossmedial und international. *Personalmagazin*, Nr. 11/08.

Espinoza, C., Ukleja, M., & Rush, C. (2010). *Managing the millenials. Discover the core competencies for managing today's workforce*. Hoboken: Wiley.

Fischer, G., Dahms, V., Bechmann, S., Bilger, F., Frei, M., Wahse, J., & Möller, I. (2008). Langfristig handeln, Mangel vermeiden. Betriebliche Strategien zur Deckung des Fachkräftebedarfs. In Institut für Arbeitsmarkt- und Berufsforschung (Hrsg.), *IAB-Forschungsbericht* 2008 (3). http://doku.iab.de/forschungsbericht/2008/fb0308.pdf. Zugegriffen: 12. Apr. 2013.

Flato, E., & Reinhold-Scheible, S. (2006). *Personalentwicklung. Mitarbeiter qualifizieren, motivieren und fördern. Toolbox für die Praxis*. Landsberg am Lech: MI Fachverlag.

Friecke, D., & Dörner, A. (2007). War for Talents – Arbeitgeber suchen qualifizierten Nachwuchs. Handelsblatt und Wirtschaftswoche GmbH. http://www.karriere.de/berufscinstieg/war-for-talents-arbeitgeber-suchen-qualifizierten-nachwuchs-6684/. Zugegriffen: 15. Aug. 2014.

Gaier, C. (2005). *Strategische Personalentwicklung als Instrument zur Erreichung des Unternehmensziels*. Dissertation Brandenburgische Technische Universität Heidelberg, Cottbus Verlag.

Gelbert, A., & Inglesperger, A. (2008). *Employer Branding als Wachstumshebel*. Düsseldorf: BBDO Consulting.

Hauke Holste, J. (2012). *Arbeitgeberattraktivität im demographischen Wandel*. Wiesbaden: Springer.

Hauser, F. (2009). Wahre Schönheit kommt von innen: Der Great Place to Work®-Ansatz. In A. Trost (Hrsg.), *Employer Branding – Arbeitgeber positionieren und präsentieren*. Köln: Springer.

Hennig, R. (2012). *Hotellerie und Generation Y*. Unveröffentlichte Masterarbeit, Hochschule München.

Hennis, A. (2010). Reihenhaus statt Rebellion. http://www.focus.de/schule/familie/jugend-2010-reihenhaus-statt-rebellion_aid_551026.html. Zugegriffen: 24. Juni. 2013.

Hermann, B. (2007). *Weiterbildungsmaßnahmen und andere Anreize in der Schweizer Hotellerie*. München: Lang.

Höckling, S. (2012). High Potentials. Die Besten unter den Besten. http://www.zeit.de/karriere/beruf/2012-01/high-potentials-leistungstraeger. Zugegriffen: 14. Apr. 2013.

Hoffmann, S. (2002). Jung, erfolgreich, kreuzunglücklich. Die Krise der Mittzwanziger. http://www.spiegel.de/unispiegel/wunderbar/jung-erfolgreich-kreuzungluecklich-die-krise-der-mittzwanziger-a-211192.html. Zugegriffen: 13. Apr. 2013.

Hungenberg, H., & Wulf, T. (2006). *Grundlagen der Unternehmensführung*. Berlin: Springer.

Klaffke, M., & Parment, A. (2011). Herausforderungen und Handlungsansätze für das Personalmanagement von Millenials. In M. Klaffke (Hrsg.), *Personalmanagement von Millenials*. Wiesbaden: Gabler.

Kleiminger, H. (2011). Gen Y. Implikationen für die Personalentwicklung. In M. Klaffke (Hrsg.), *Personalmanagement von Millenials*. Wiesbaden: Gabler.

Knecht, M., & Pifko, C. (2010). *Psychologie am Arbeitsplatz*. Zürich: Compendio.

Laick, S. (2009). Die neue Generation abholen. *Personalwirtschaft*, Sonderheft 2009 (8), 21–23.

Lang, A., Conrads, S., Oberhäuser, B., & Lorenz, D. (2003). *Kommunikation und Management*. München: Verlag Versicherungswirtschaft.

Länge, T. W., & Menke, B. (Hrsg.). (2007). *Generation 40 plus – Demographischer Wandel und Anforderungen an die Arbeitswelt*. Bielefeld: Bertelsmann.

Leffers, J. (2012). Gibt es ein Leben nach der Arbeit? http://www.spiegel.de/karriere/berufs-start/work-life-balance-gibt-es-ein-leben-neben-der-arbeit-a-833281.html. Zugegriffen: 26. Juni. 2013.

Lipkin, N., & Perrymore, A. J. (2009). *Y in the workplace. Managing the „Me first" generation*. New York: Career Press.

Loewe, H., & Severing, E. (Hrsg.). (2009). *Als Arbeitgeber attraktiv. Leitfaden für die Bildungspraxis*. Bielefeld: Bertelmann Verlag.

Meinert, S. (2008). Arbeitsmarkt-Entwicklung. Die besten der Generation Y rekrutieren. Financial Times Deutschland. http://www.ftd.de/karriere/karriere/:arbeitsmarkt-entwicklung-die-besten-der-generation-y-rekrutieren/413901.html?page=2. Zugegriffen: 13. Apr. 2013.

Meinert, S. (2010). Generation Y. Zwischen Ipod und Learning 2.0. Financial Times Deutschland.http://www.ftd.de/karriere/management/:generation-y-zwischen-i-pod-und-learning-2-0/50107269.html. Zugegriffen: 13. Apr. 2013.

Mentzel, W. (2005). *Personalentwicklung. Erfolgreich motivieren, fördern und weiterbilden*. München: Deutscher Taschenbuchverlag.

Obmann, C. (2012). Why?! – Die enttäuschte Generation Y. Handelsblatt und Wirtschaftswoche. http://www.karriere.de/berufseinstieg/why-die-enttaeuschte-generation-y-165228/. Zugegriffen: 20. Juni. 2013.

Olesch, G. (2012). Erfolgsfaktoren für Arbeitgeberattraktivität. *Personalführung*, 2012 (11), 68–70.

Parment, A. (2009). *Die Generation Y – Mitarbeiter der Zukunft*. Wiesbaden: Gabler.

PricewaterhouseCoopers (Hrsg.). Talent mobility 2020. The next generation of international assignments. http://www.pwc.com/gx/en/managing-tomorrows-people/future-of-work/pdf/talent-mobility-2020.pdf. Zugegriffen: 13. Apr. 2013.

Robert, H. (Hrsg.). (2010). Viele Generationen ein Team. Robert Half. http://www.robert-half.de/EMEA/Germany/Assets/eDMs/Robert_Half_Viele_Generationen_ein_Team.pdf. Zugegriffen: 27. Apr. 2013.

Salt, B. (2007). *Jenseits der Babyboomer: Der Aufstieg der Generation Y*. Melbourne: KMPG Australia.

Schleiter, A., & Armutat, S. (2004). Was Arbeitgeber attraktiv macht? In Deutsche Gesellschaft für Personalführung e. V. (DGFP) (Hrsg.), Praxis Papiere, Ausgabe 4/2004, 4–19.

Schulmeister, R. (2010). Das Ende eines Mythos. *Personalwirtschaft*, Nr. 09/2010, 26–27, 26–27.

Schulte, K., Hauser, F., & Kirsch, J. (2009). Was macht Unternehmen zu guten Arbeitgebern? *Wirtschaftspsychologie*, 2009 (3), 17–30.

Schwenke, P., & Weber-Guskar, E. (2008). Kein Leben jenseits der Arbeit. Zeit Online. http://www.zeit.de/campus/2008/04/interview-richard-senett. Zugegriffen: 27. Apr. 2013.

Singh, P., Bhandarker, A., & Rai, S. (2012). *Millenials and the workplace. Challenges for architecting the organization of tomorrow*. New Delhi: Sage.

Thoma, C. (2011). Erfolgreiches Retention Management von Millenials. In M. Klaffke (Hrsg.), *Personalmanagement von Millenials*. Wiesbaden: Gabler.

Trost, A. (2009). Employer Branding. In A. Trost (Hrsg.), *Employer Branding – Arbeitgeber positionieren und präsentieren*. Köln: Hermann Luchterhand.

Trost, A. (2012). *Talent relationship management*. Heidelberg: Springer.

Tulgan, B. (2009). *Not everyone gets a trophy. How to manage generation y*. San Francisco: Jossey-Bass.

Wang, E. (2010). Die Arbeit zählt. *Personalwirtschaft Online,* 2010 (9), 18–21.

Weinstein, B. (2010). Don't let incompetent bosses stand in your way. Financial Post. http://www.financialpost.com/executive/hr/story.html?id=2701771. Zugegriffen: 20. Juni. 2013.

Zemke, R., Raines, C., & Filipczak, B. (2000). *Generations at work. Managing the clash of veterans, boomers; xers and nexters in your workplace*. New York: Amacom.